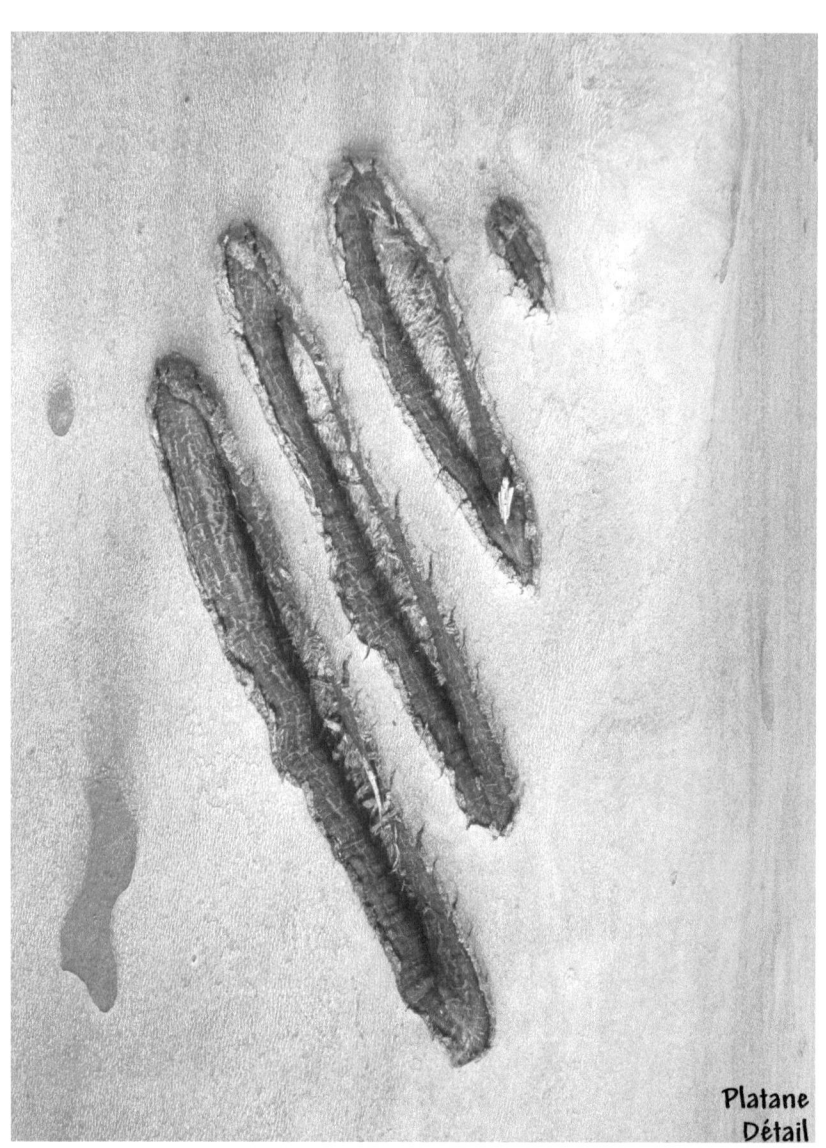

Platane
Détail

Quercy : l'harmonie du hasard

Livre d'artiste papier et numérique

Du même auteur

Certaines œuvres sont connues sous différents titres.

Romans

La Faute à Souchon : (Le roman du show-biz et de la sagesse)
Quand les familles sans toit sont entrées dans les maisons fermées
Liberté j'ignorais tant de Toi (Libertés d'avant l'an 2000)
Viré, viré, viré, même viré du Rmi !
Ils ne sont pas intervenus (Peut-être un roman autobiographique)

Théâtre

Neuf femmes et la star
Les secrets de maître Pierre, notaire de campagne
Ça magouille aux assurances
Chanteur, écrivain : même cirque
Deux sœurs et un contrôle fiscal
Amour, sud et chansons
Pourquoi est-il venu :
Aventures d'écrivains régionaux
Avant les élections présidentielles
Scènes de campagne, scènes du Quercy
Blaise Pascal serait webmaster
Trois femmes et un Amour
J'avais 25 ans
 « Révélations » sur « les apparitions d'Astaffort » Jacques Brel / Francis Cabrel

Théâtre pour troupes d'enfants

La fille aux 200 doudous
Les filles en profitent
Révélations sur la disparition du père Noël
Le lion l'autruche et le renard,
Mertilou prépare l'été
Nous n'irons plus au restaurant

Stéphane Ternoise est né en 1968

http://www.ecrivain.pro essaye d'être complet, avec un "blog" (je préfère l'expression "une partie des chroniques"). Mais il ne peut naturellement pas copier coller l'ensemble des textes présentés ailleurs.
http://www.romancier.net   http://www.dramaturge.net
http://www.essayiste.net   http://www.lotois.fr
http://www.artlowcost.fr

Les noms de ces sites me semblent explicites…Le graphisme reste rudimentaire. Tant de choses à faire… http://www.salondulivre.net le prix littéraire a lancé sa onzième édition. Une réussite d'indépendance. Mais peu visible…

L'ensemble des livres numériques ont vocation à devenir disponibles en papier et réciproquement. Il convient donc de parler de livre au sens fondamental du terme : le contenu, l'œuvre. En juillet 2013, le catalogue numérique de Stéphane Ternoise dépasse la barre naguère inimaginable de la centaine. Il est constitué de romans, pièces de théâtre, essais mais également de photos, qu'elles soient d'art (notion vague) ou documentaires (présentation de lieux, Cahors, Cajarc, Montcuq, Beauregard, Golfech…), publications pour lesquelles l'investissement en papier est impossible, sauf à recourir à l'impression à la demande.

Stéphane Ternoise

Quercy : l'harmonie du hasard

Livre d'artiste papier et numérique

Jean-Luc PETIT Editeur / livrepapier.com
collection Livres d'artistes

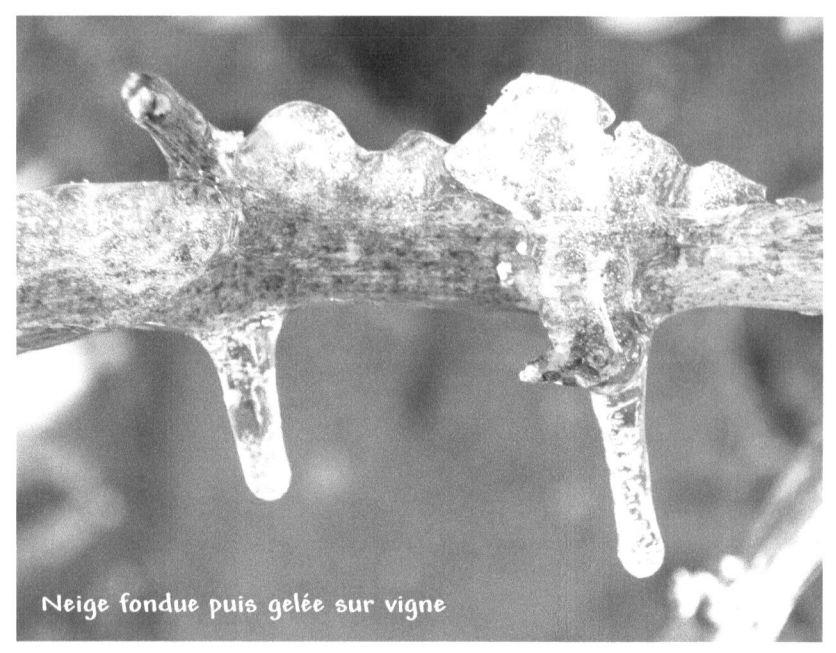
Neige fondue puis gelée sur vigne

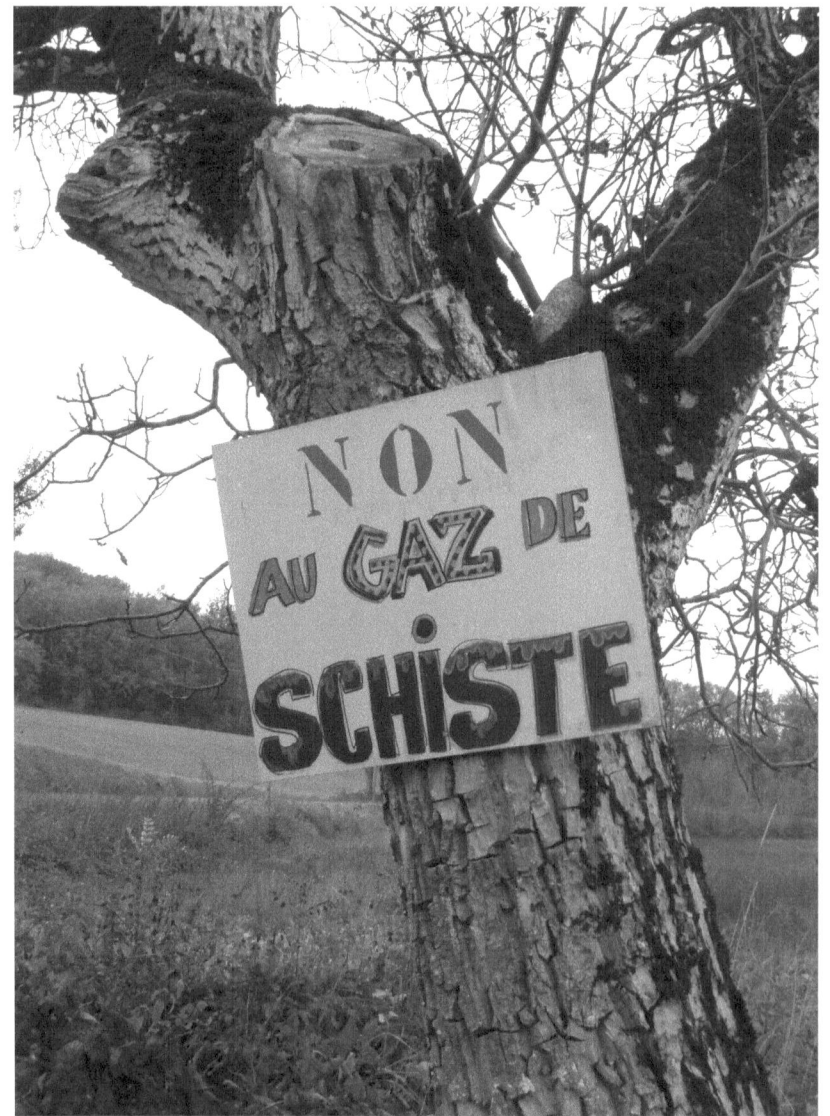

Quercy : l'harmonie du hasard

Une documentation du réel, dans la perspective analysée par Douglas Huebler en 1969 : « *le monde est rempli d'objets, plus ou moins intéressants ; je n'ai aucune envie d'en ajouter même un seul. Je préfère, simplement, constater l'existence des choses en terme de temps et/ou de lieu.* »

Romancier, essayiste, dramaturge, auteur de chansons, mais c'est sans le moindre mot que sont présentées ces cinquante photos, après un éditorial les situant et une définition de cet objet "livre d'artiste." Cinquante photos en couleur. Et pour cette édition papier où chaque feuille représente un coût, des cadeaux, plutôt qu'une page blanche, un travail sur le noir et blanc...

Ces images permettent un autre vocabulaire, une écriture, ici pour une partie quasiment non vue du monde. Avant de marcher quotidiennement avec un appareil photo, j'ignorais également l'existence de ces beautés, en ces lieux très peu fréquentés, où l'absence d'interventions humaines récentes a permis cette harmonie "du hasard."

Un travail sur la campagne, qui s'inscrit dans le vaste projet du témoignage sur un monde qui disparait.

Une nouvelle approche du livre d'artiste, 100% numérique... en septembre 2012. Un an plus tard, la possibilité du papier avec http://www.livrepapier.com

Stéphane Ternoise
http://www.quercy.pro
Ternoise Documentation

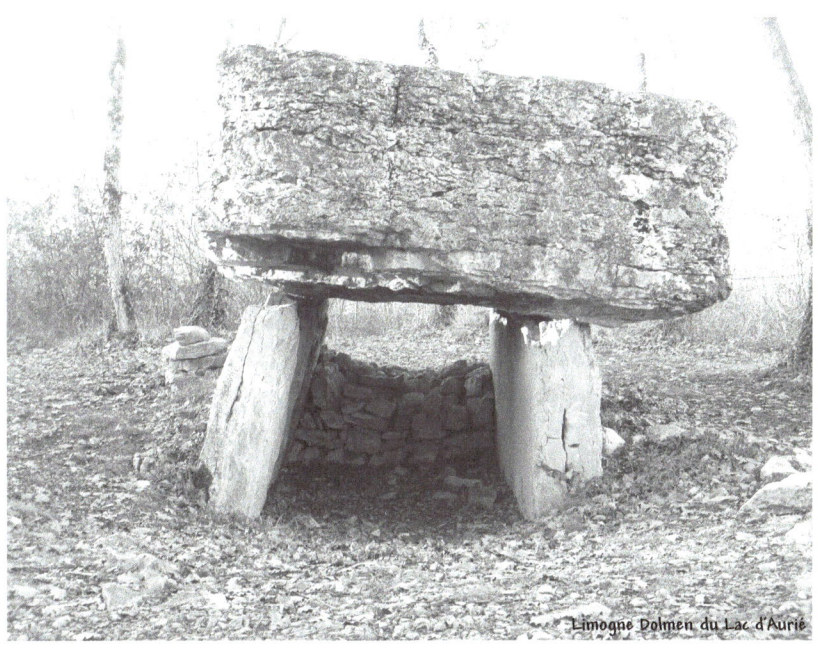
Limogne Dolmen du Lac d'Aurié

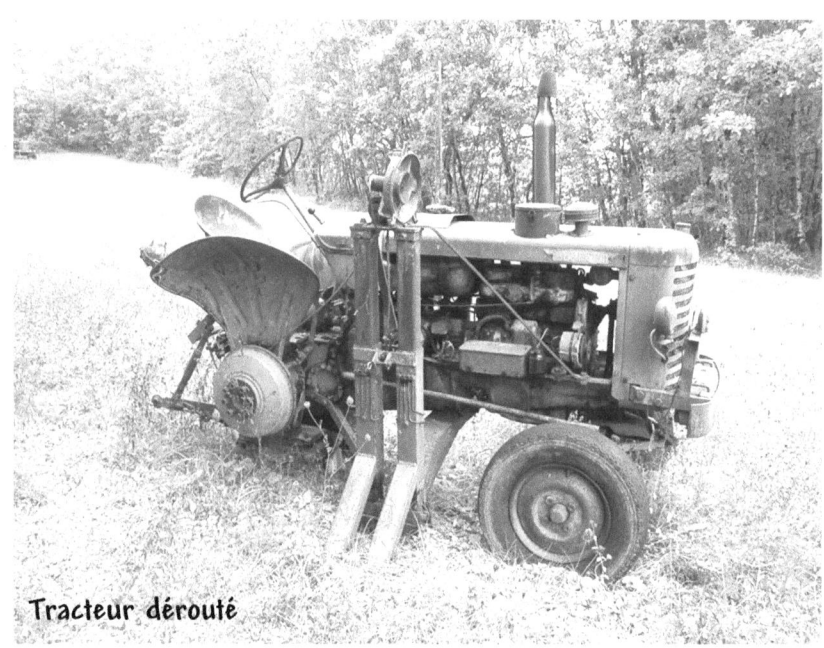

Tracteur dérouté

Editorial : Contexte, acte de naissance "harmonie du hasard"

Assis au milieu d'un sentier, en simili lotus, je photographiais des "petites choses", quand soudain "harmonie du hasard" jaillit. Je souriais, le cerveau repassant quelques-uns des clichés de la journée. J'avais l'impression d'avoir réalisé un livre...

J'ai partagé avec l'amie qui m'avait rejoint cette expression, "harmonie du hasard" .

Elle considéra également qu'il s'agissait d'un beau titre.
Nous n'étions pas pressés de rentrer, malgré la question "tu crois que quelqu'un l'a déjà utilisé ?... "

Assis devant l'ordinateur, la recherche... avec la quasi certitude qu'une telle occurrence figurerait précisément dans les réponses du grand centralisateur international... peut-être même en titre d'un livre. Il existe donc, depuis 2011, un film ainsi intitulé.

Ainsi est né "*Quercy : l'harmonie du hasard*", dans ce Quercy blanc, des pierres, de l'eau, des arbres, donc des feuilles, du bois mort en décomposition lente, "artistique"...

Définir l'objet : un livre d'artiste...

Nécessité de nommer l'objet : déjà qu'il sera peu visible car lancé sans budget promotionnel, si en plus je ne lui attribue pas ne serait-ce qu'un genre, il sombrera inévitablement dans les introuvables.
Donc : livre d'artiste. Dans l'acceptation classique de l'expression en France. Une œuvre d'art.

Dès les années 1960, les artistes ont vu dans le développement de l'imprimerie la possibilité de proposer des livres en dehors des circuits tenus par l'édition traditionnelle. "Small press" en anglais, "petite édition". Auto-édition, autodiffusion.

Le passage de l'offset au 100% numérique offre une nouvelle perspective au livre d'artiste, avec une large diffusion, grâce à des prix bas et une présence sur les sites de ventes les plus fréquentés. Même si l'habitude du papier, ses grands formats par exemple, suscite des réticences numériques.

Alors que le livre d'artiste traditionnel, majoritairement auto-édité, subissait les limites d'une organisation du monde de l'édition contrôlé par les éditeurs, la présence d'une distribution indépendante représente une lucarne historique dans laquelle nous devons nous engouffrer.

Je suis persuadé qu'aujourd'hui Dieter Roth opterait pour le numérique. Dieter Roth (1930-1998), le précurseur du livre d'artiste, dont les premiers furent publiés à quelques exemplaires, faute d'argent pour les multiplier. Puis Hansjörg Mayer, éditeur, lui permit des tirages à mille exemplaires...

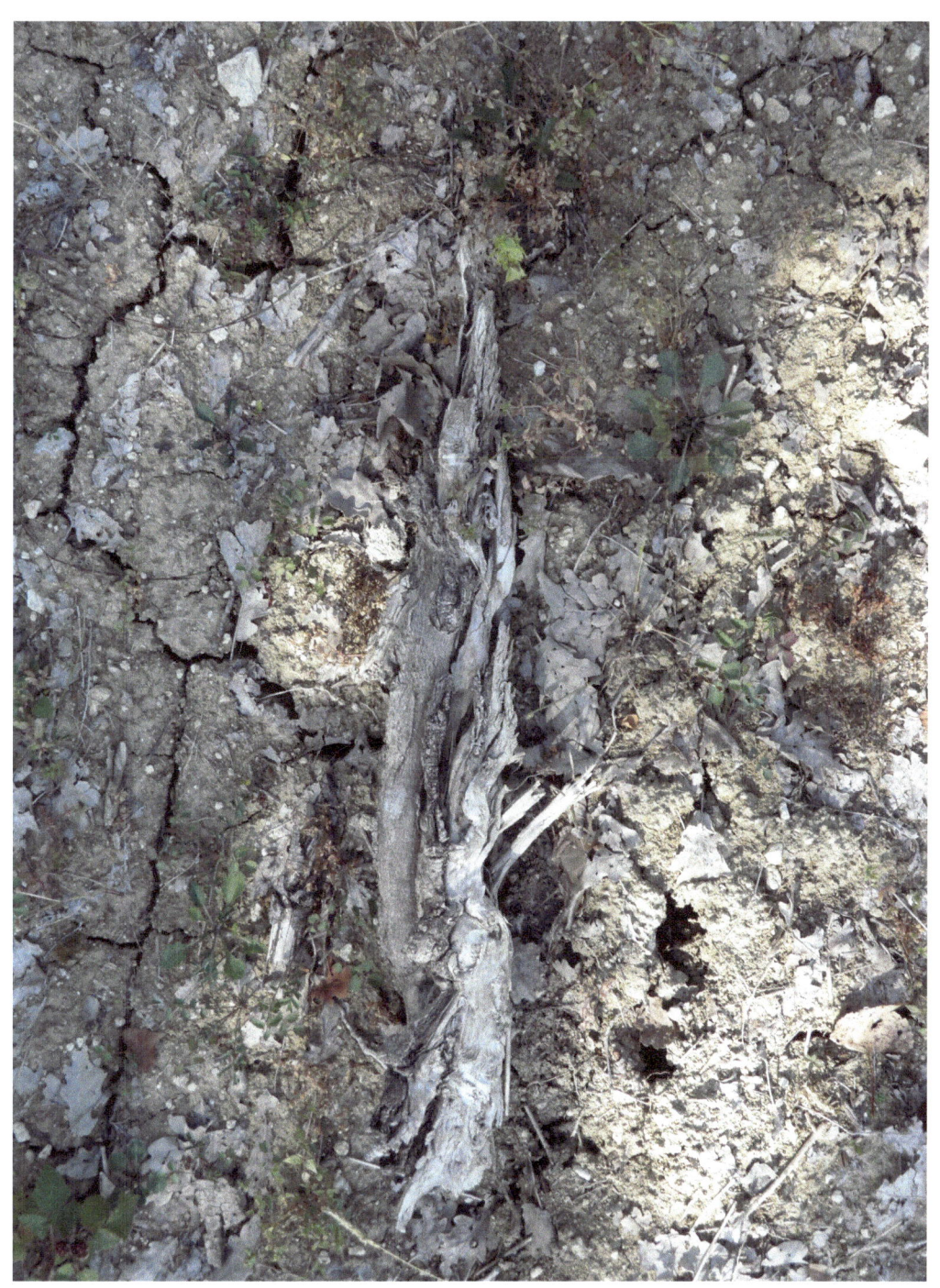

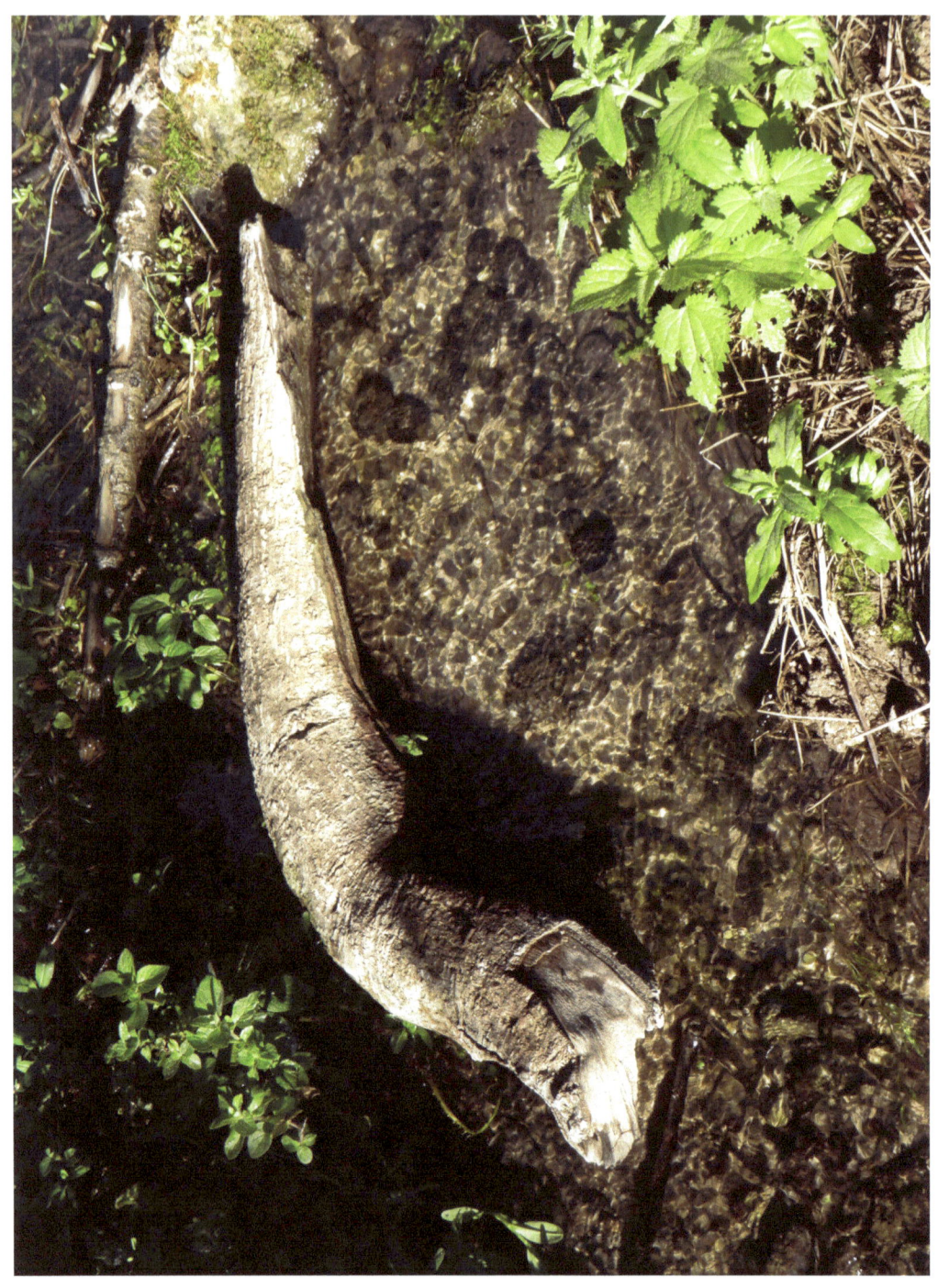

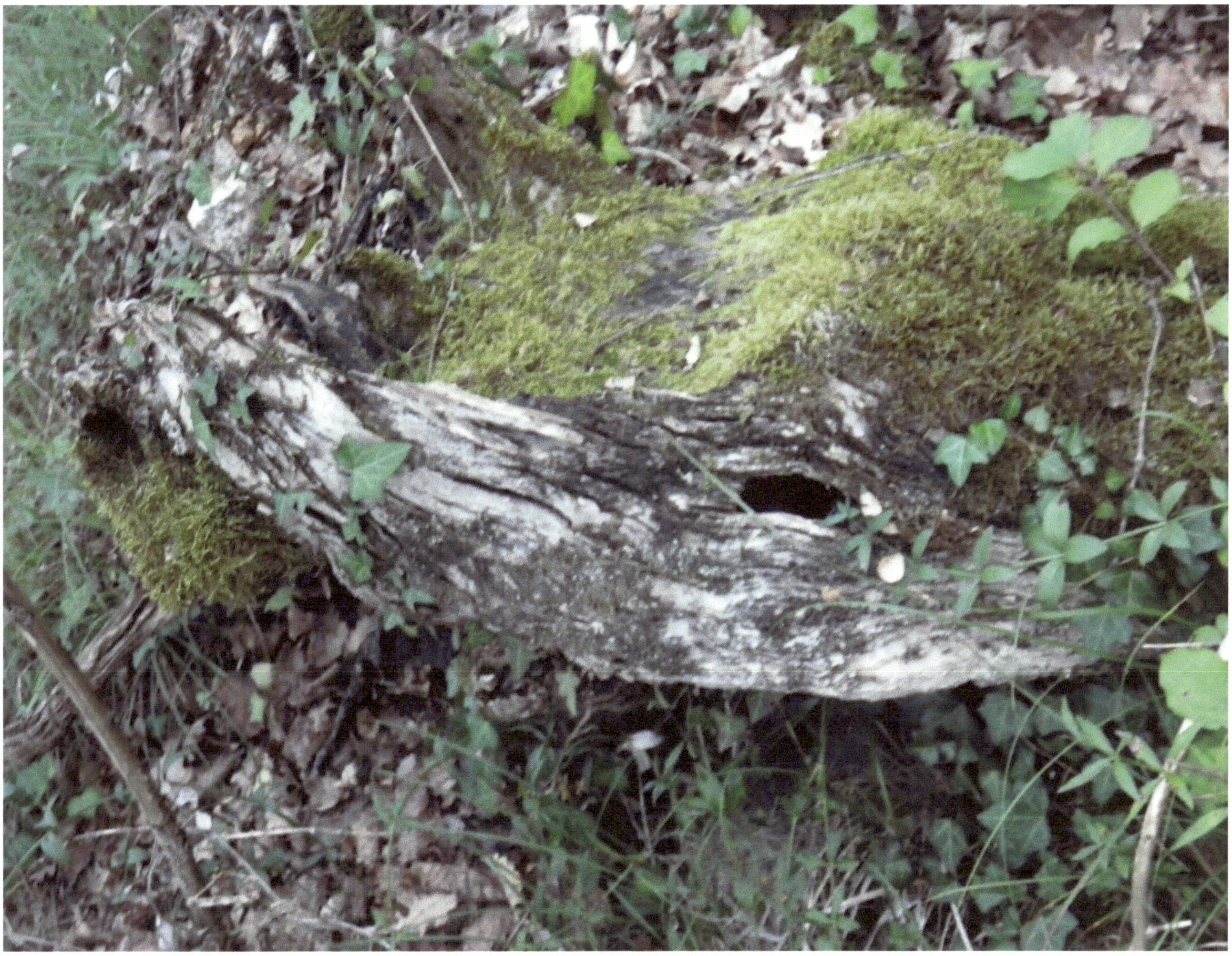

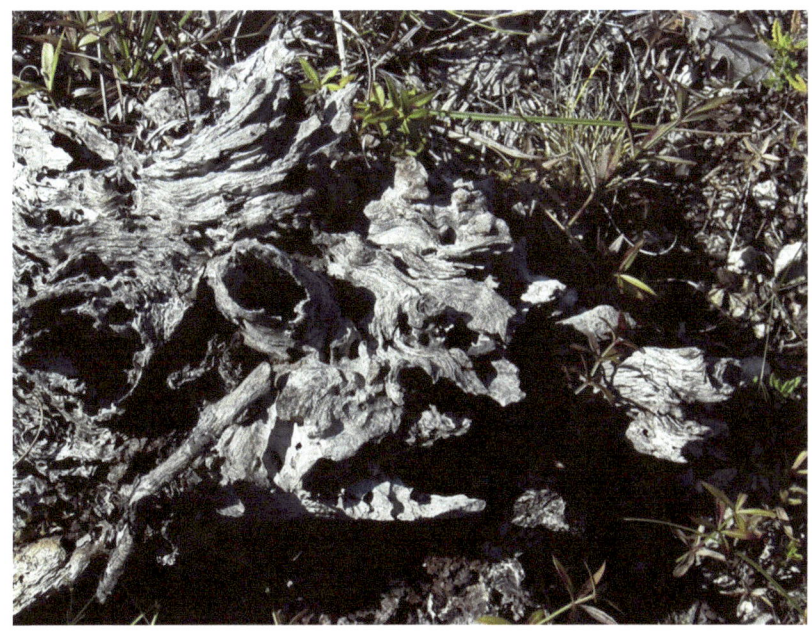

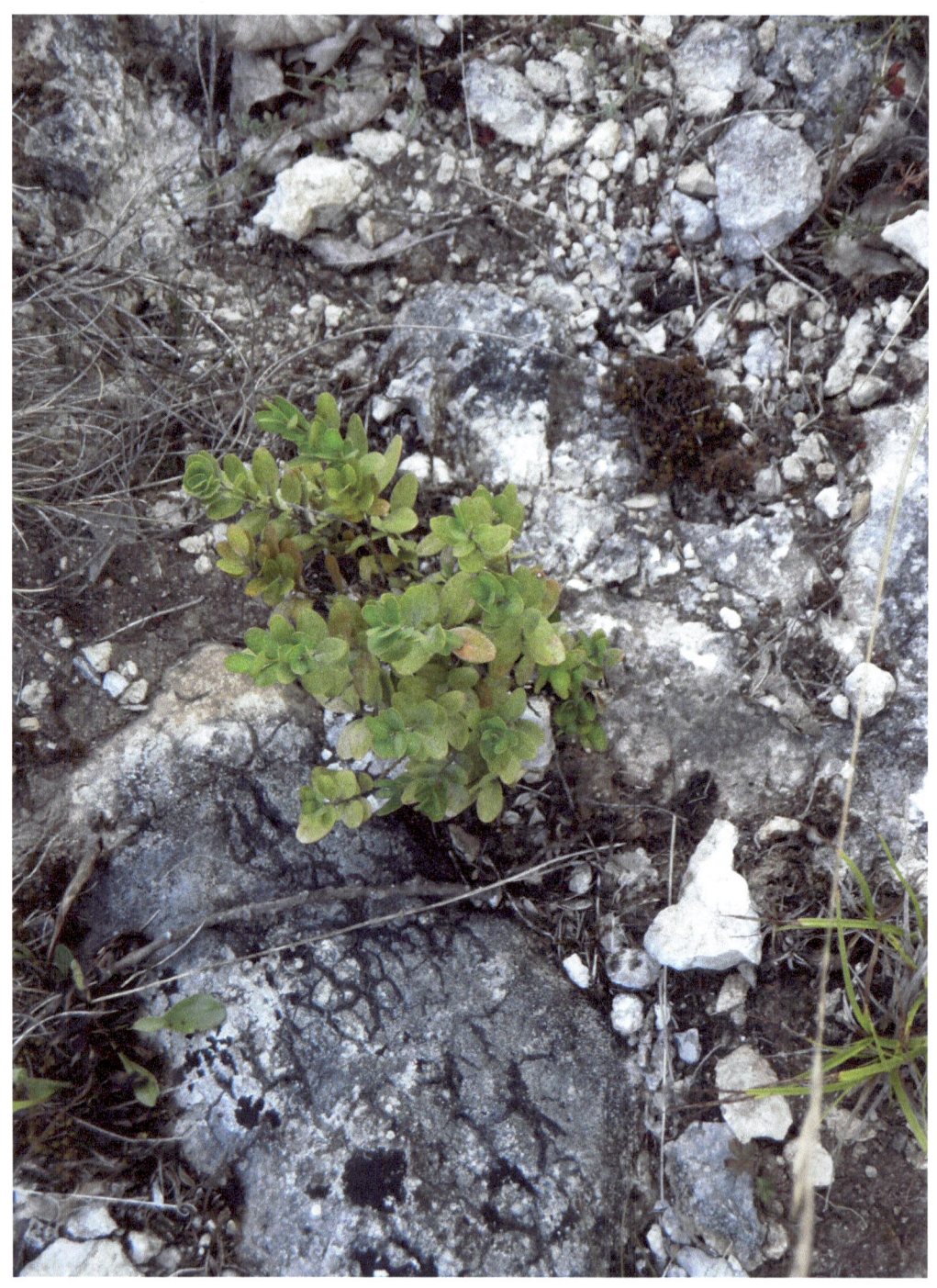

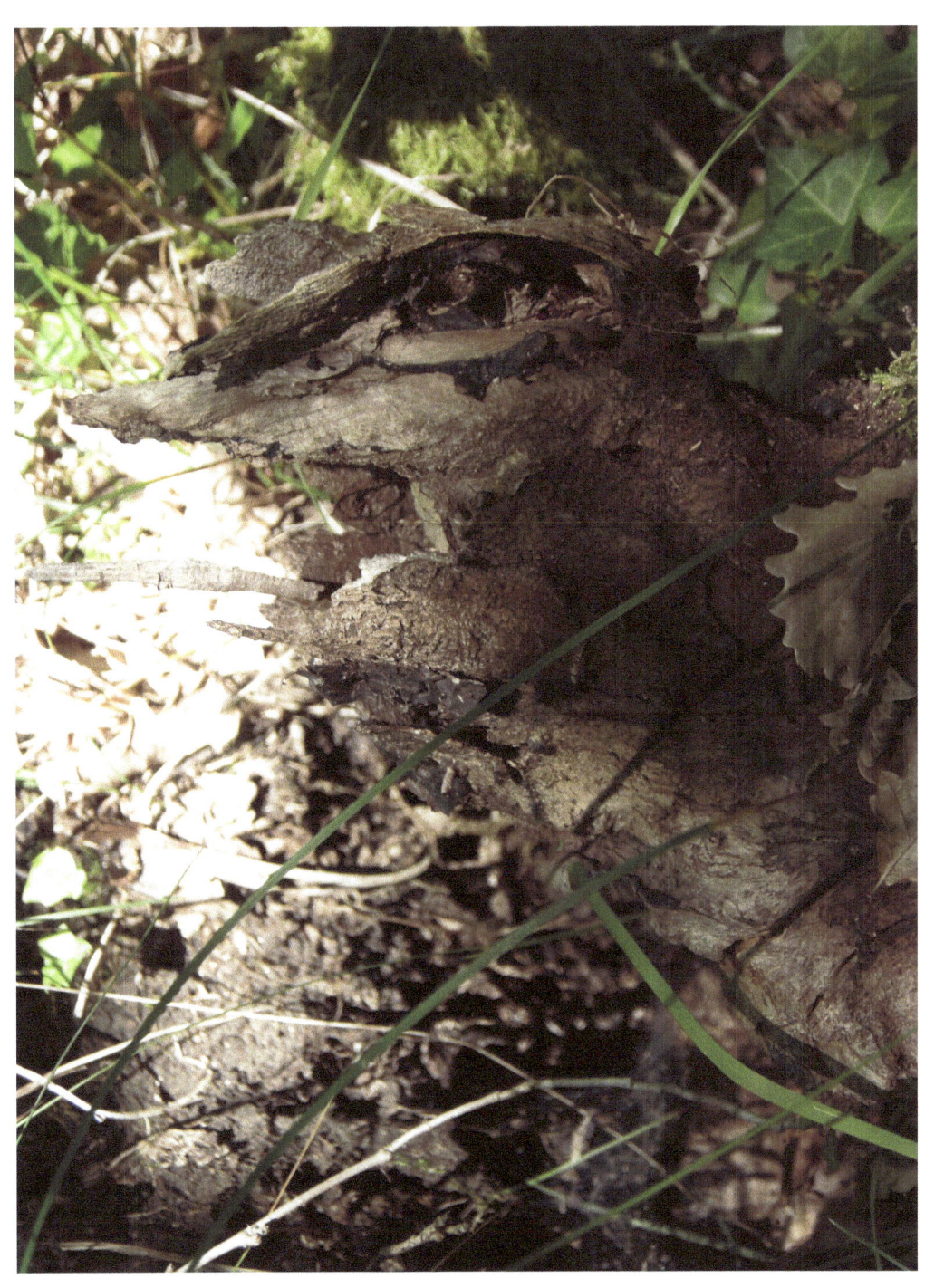

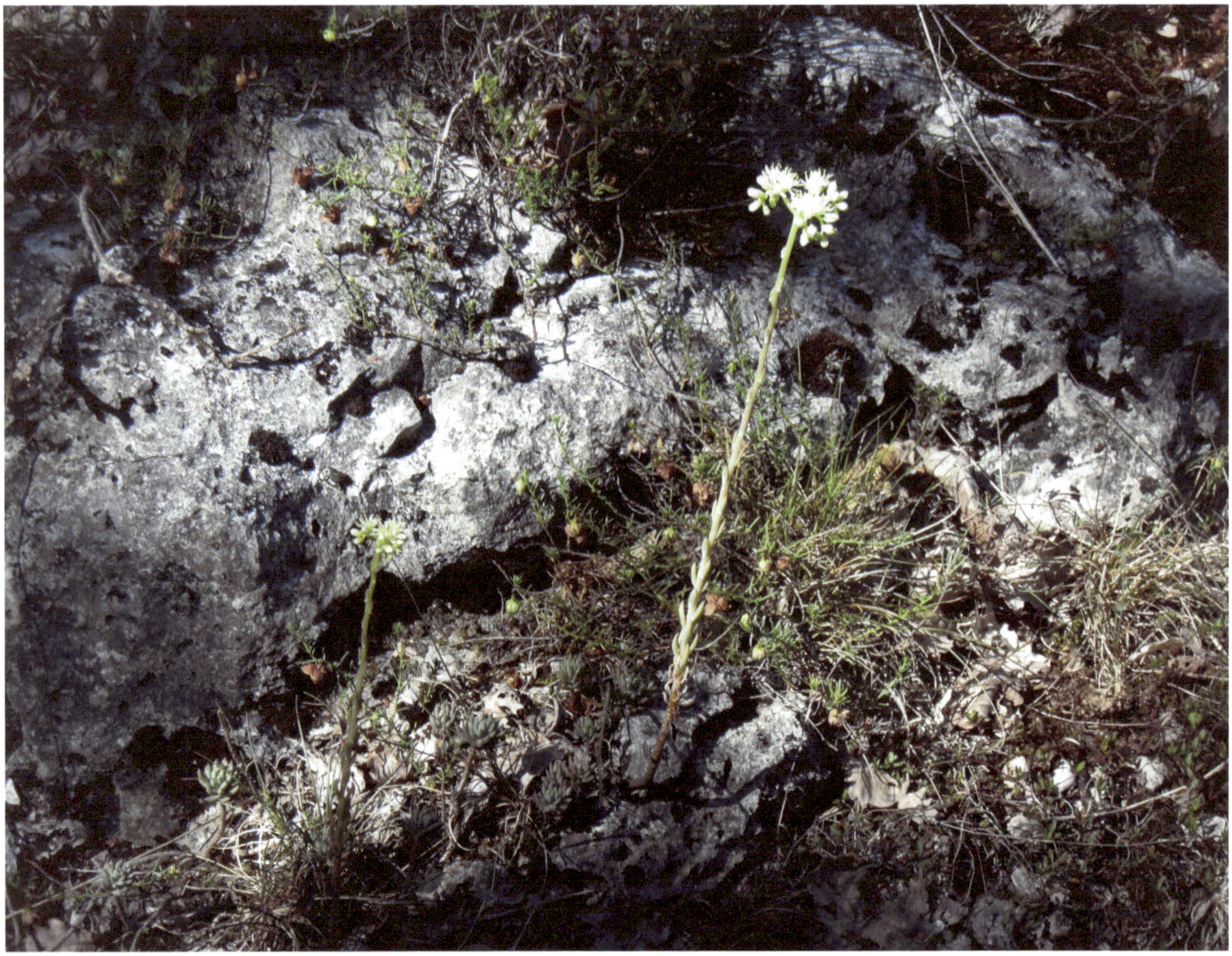

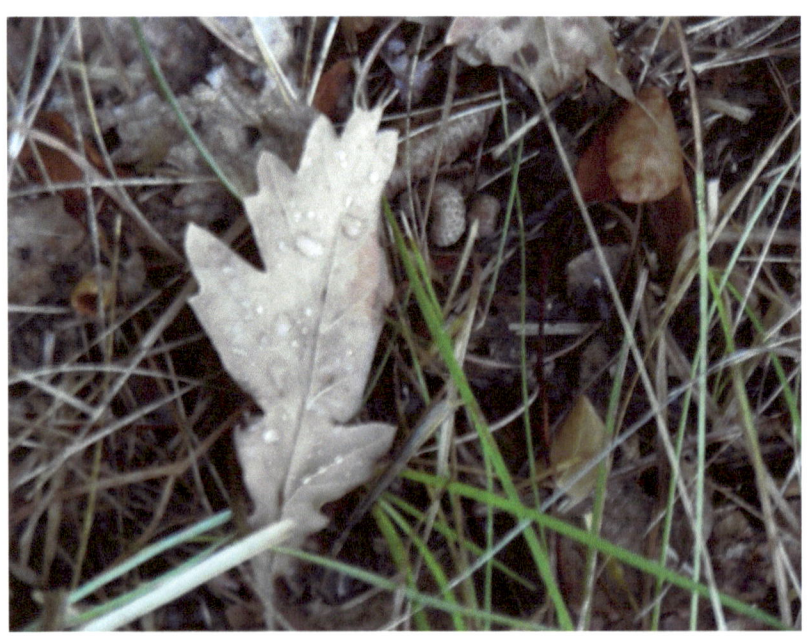

16

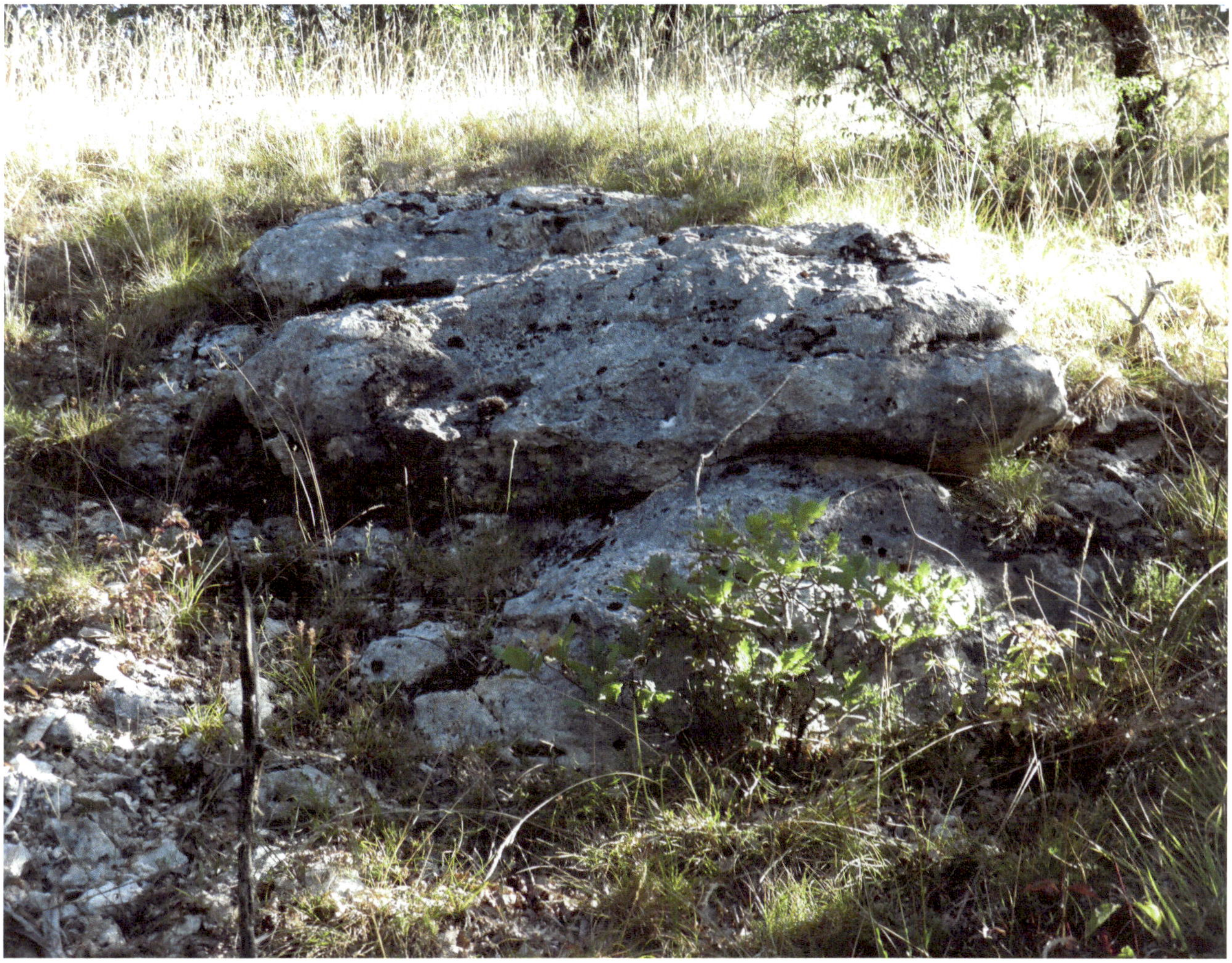

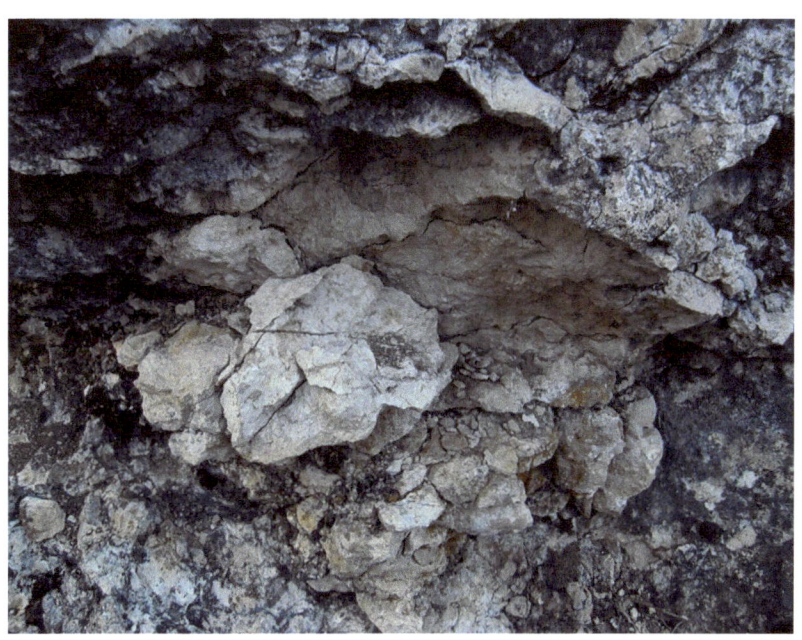

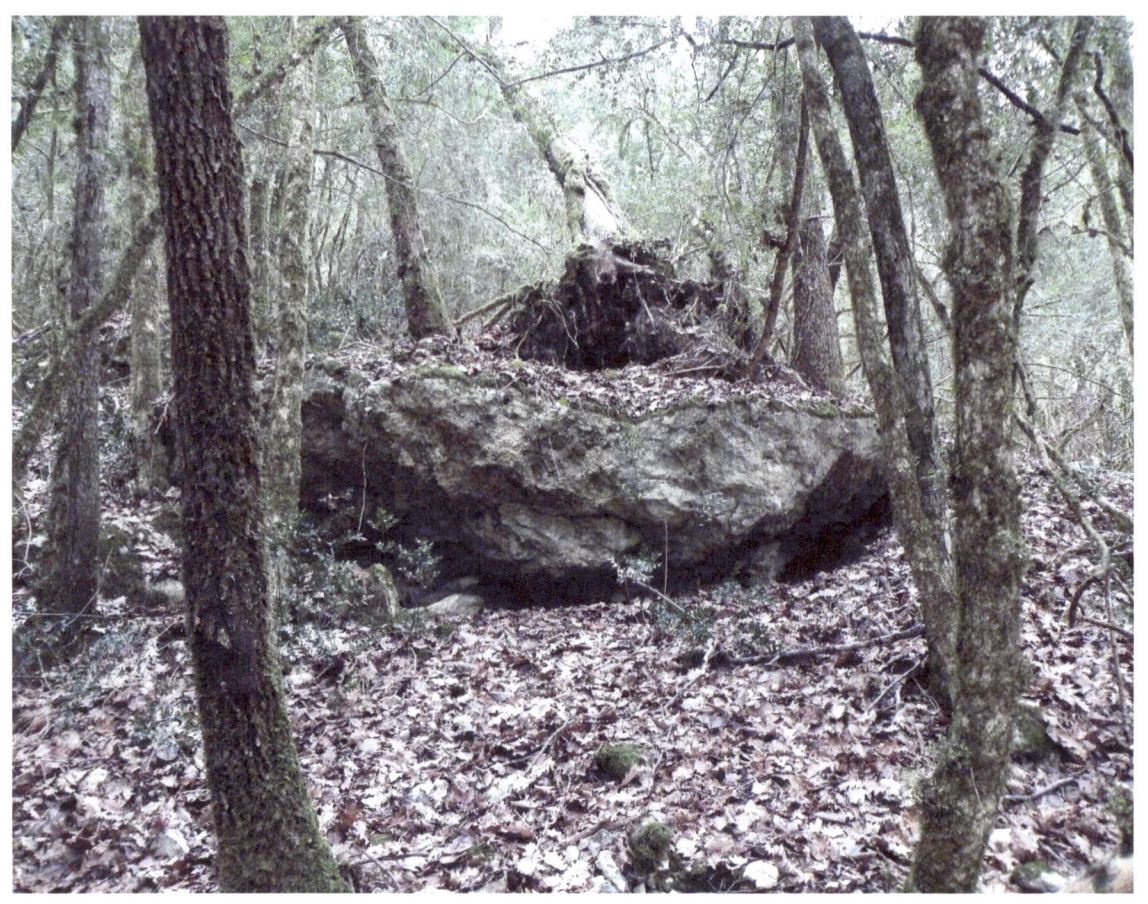

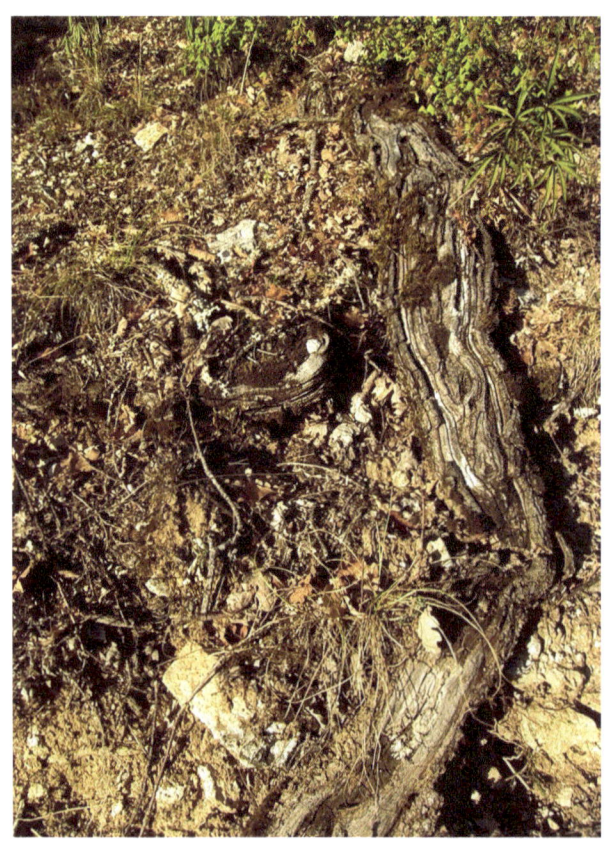

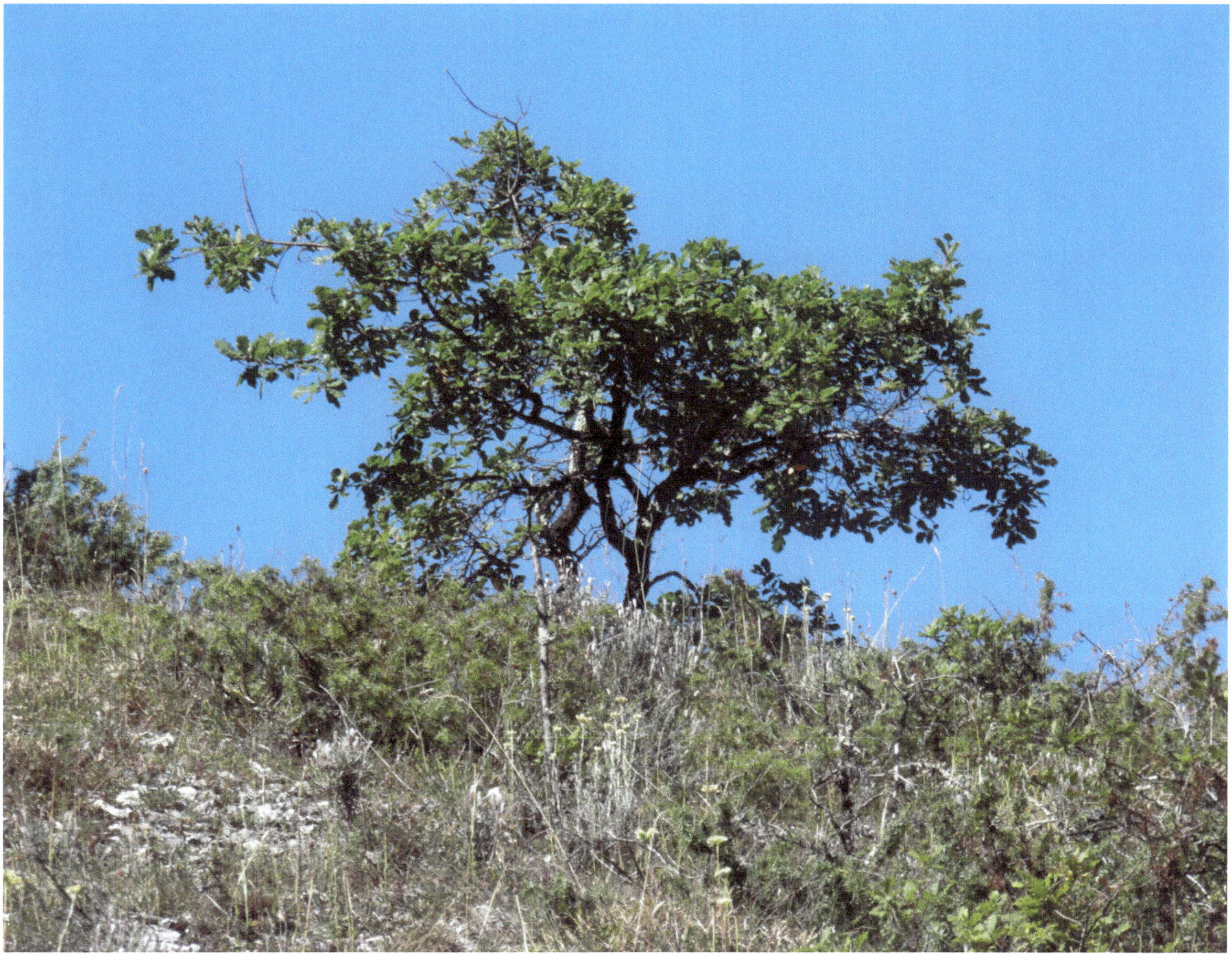

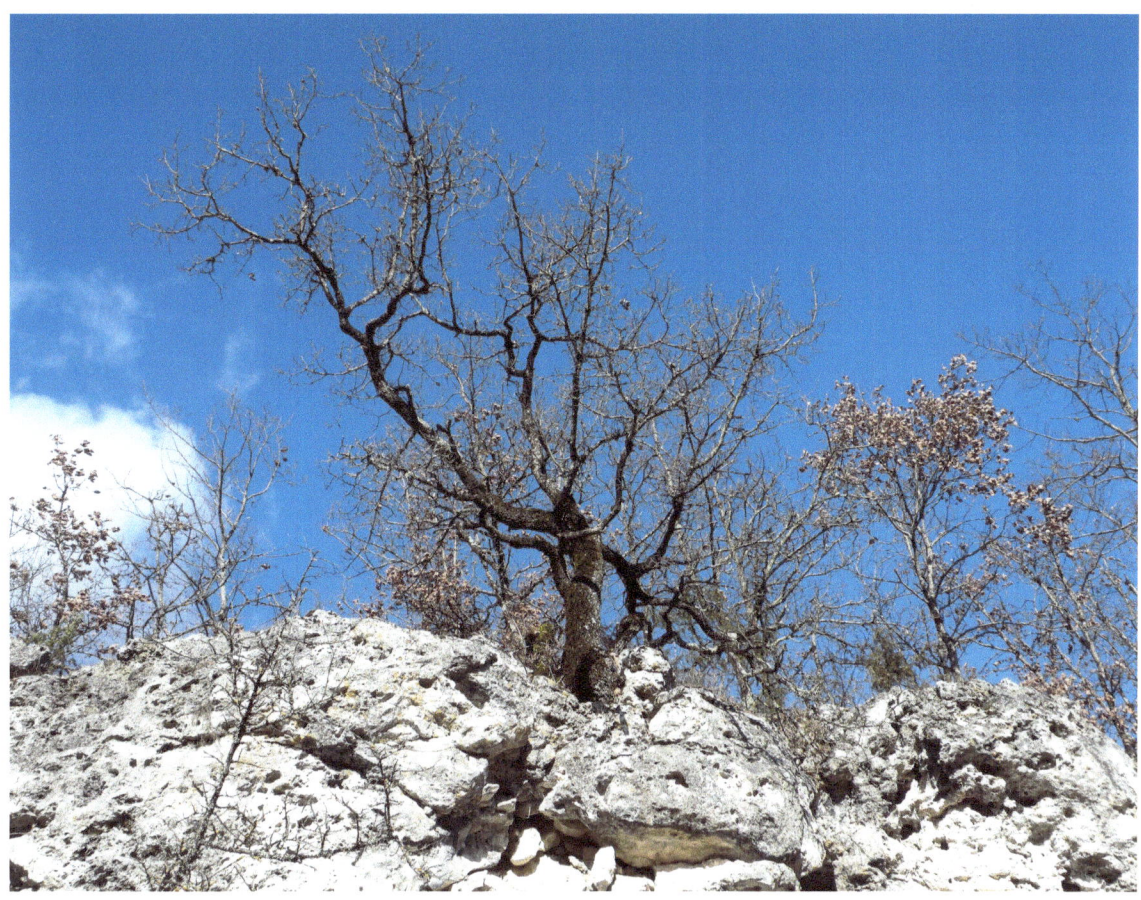

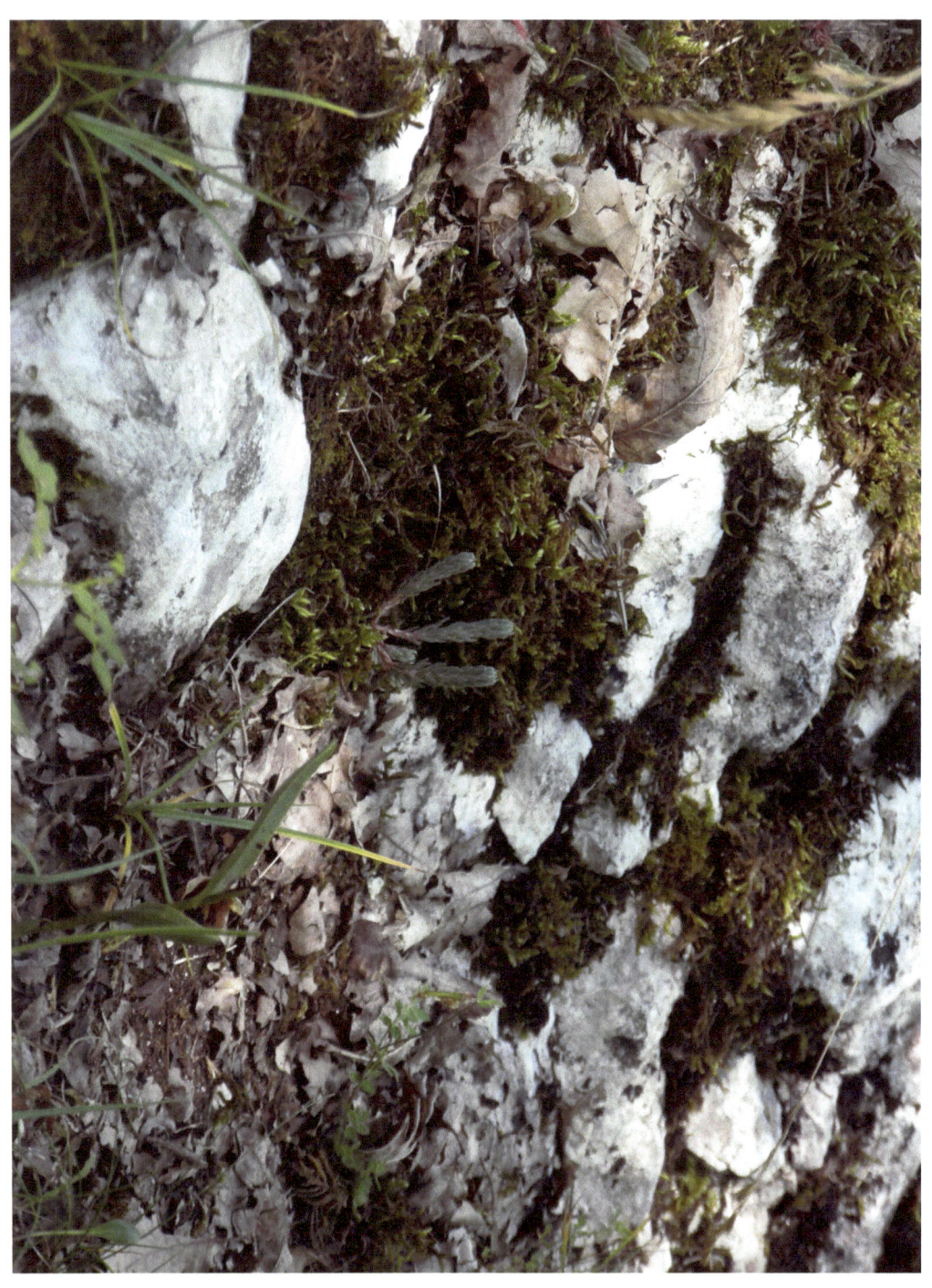

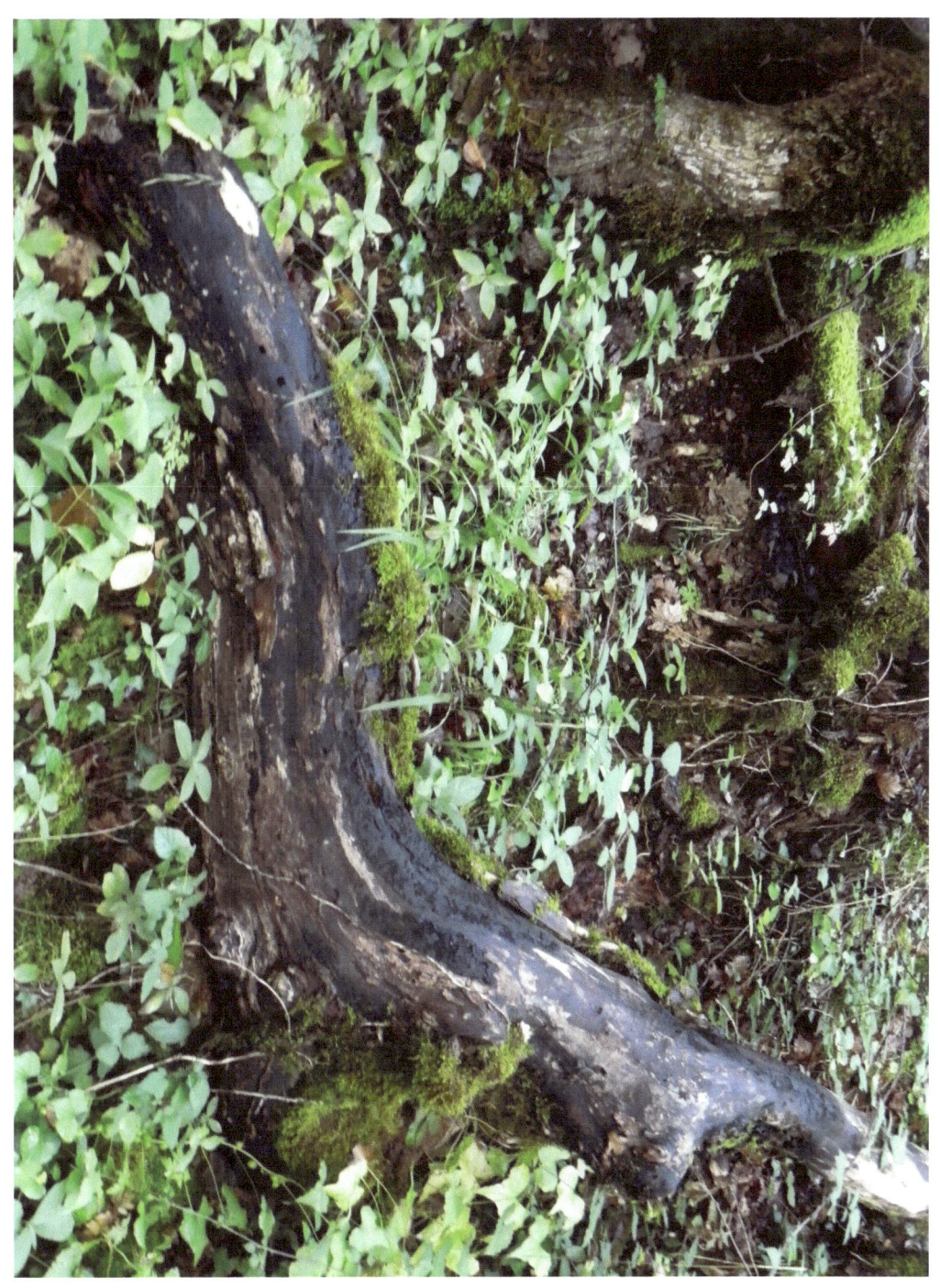

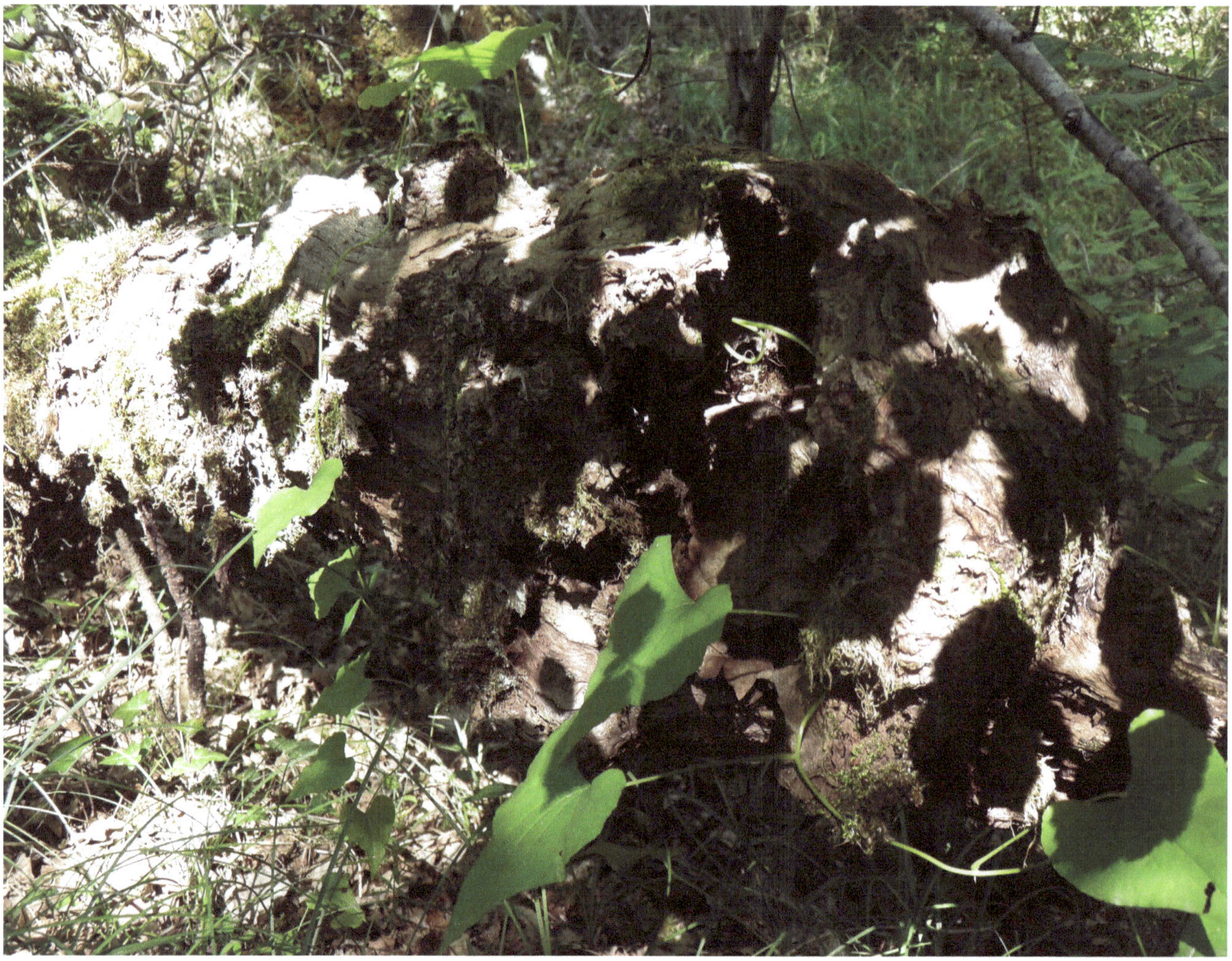

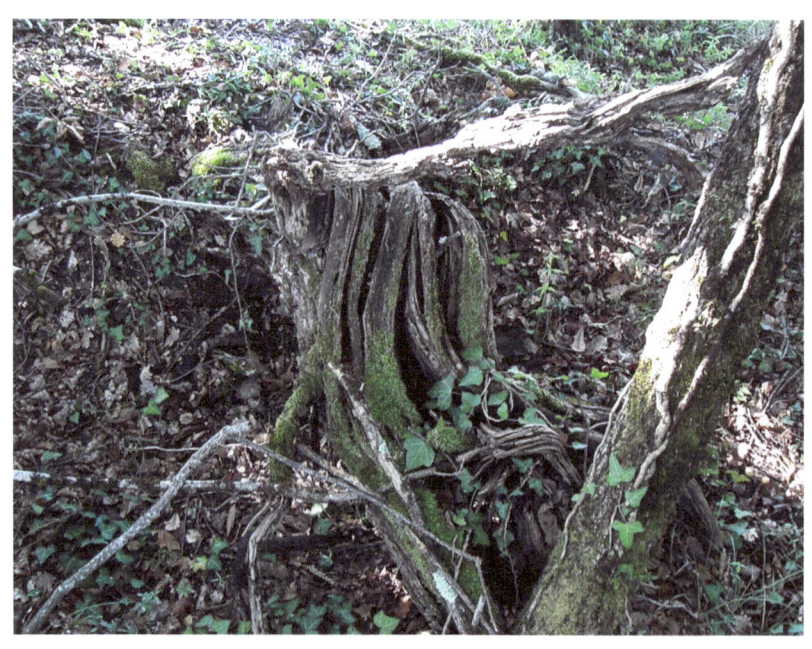

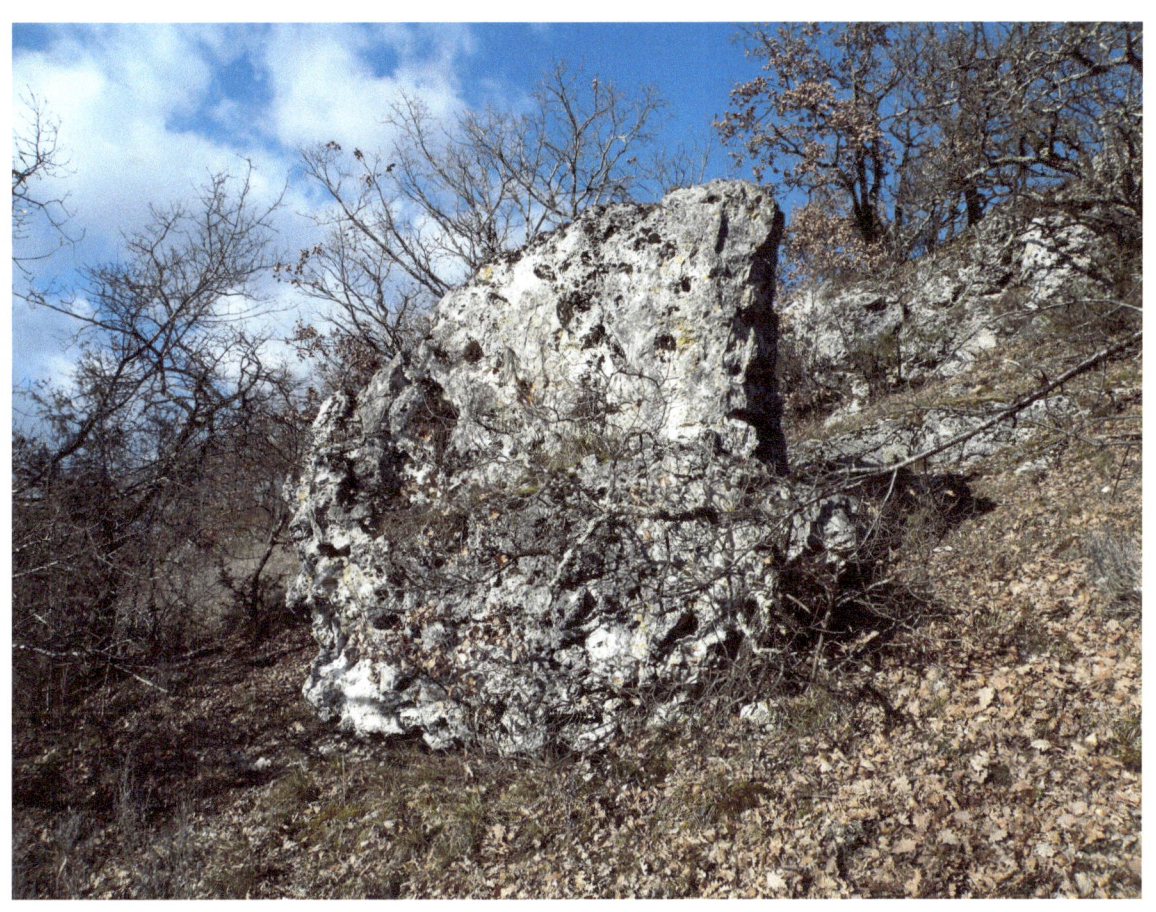

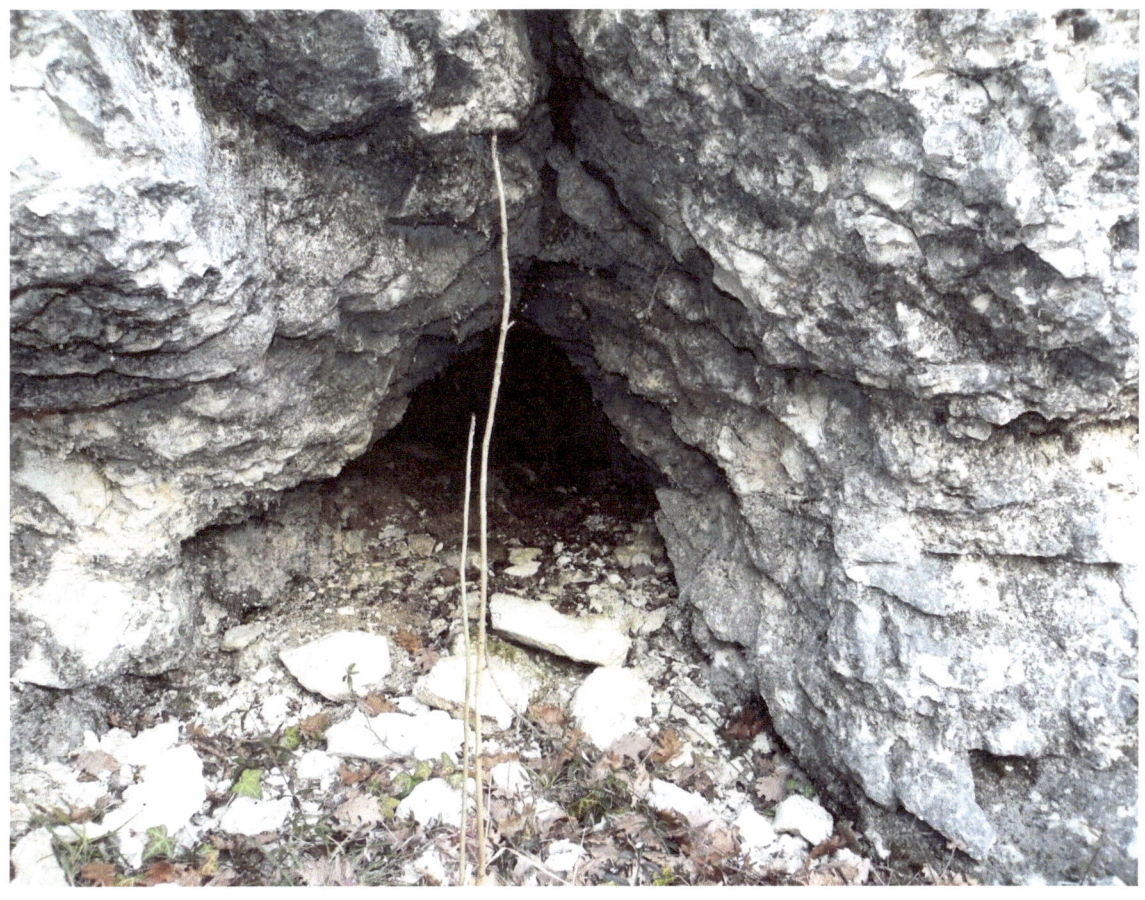

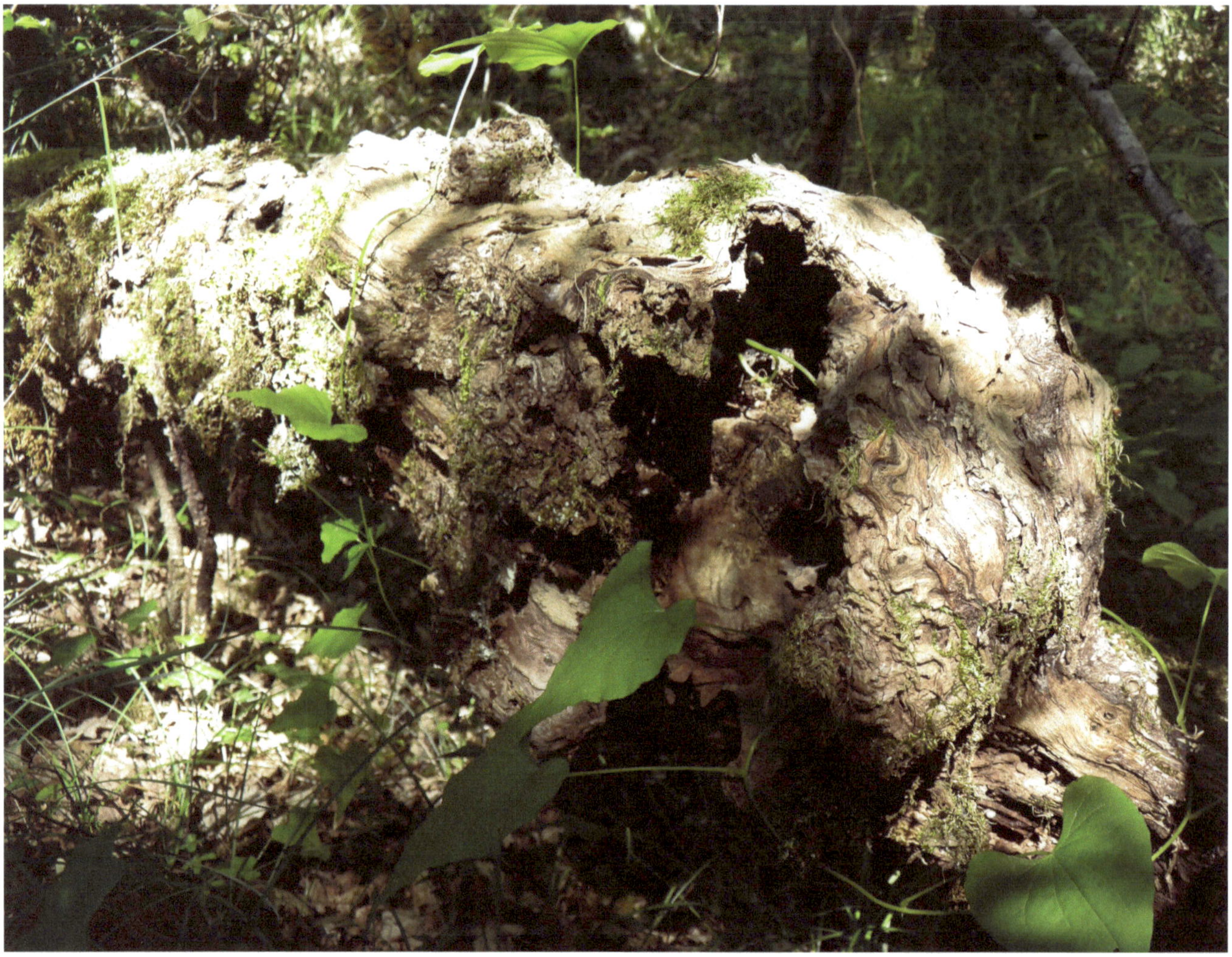

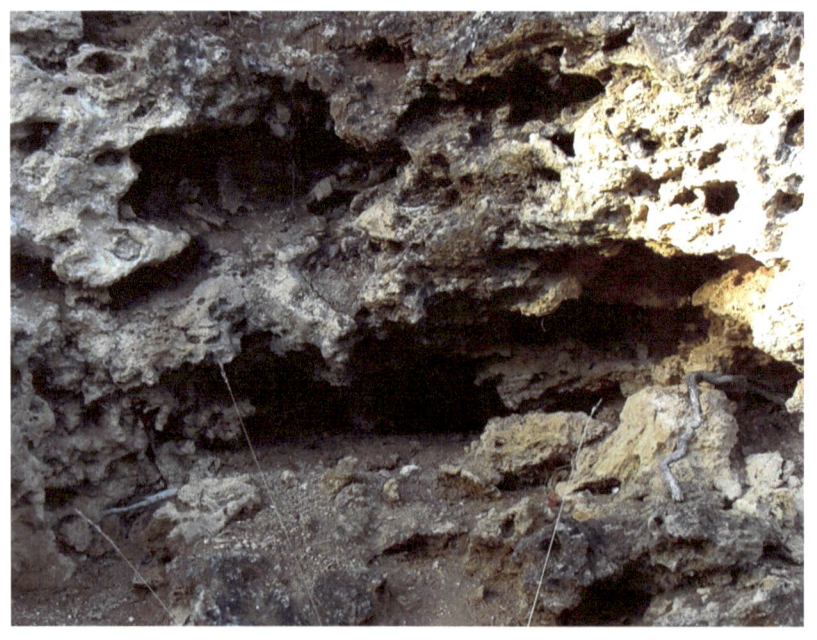

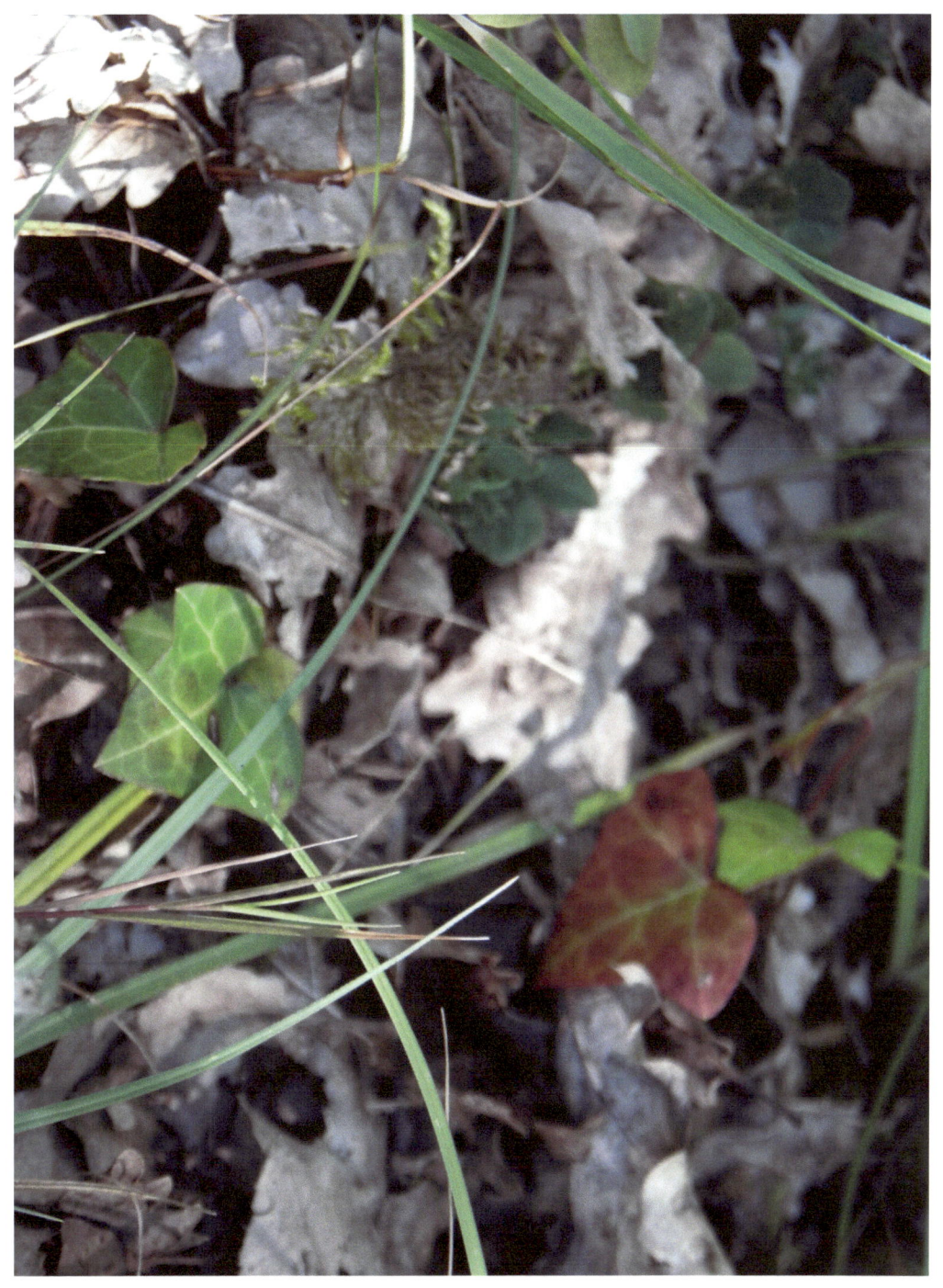

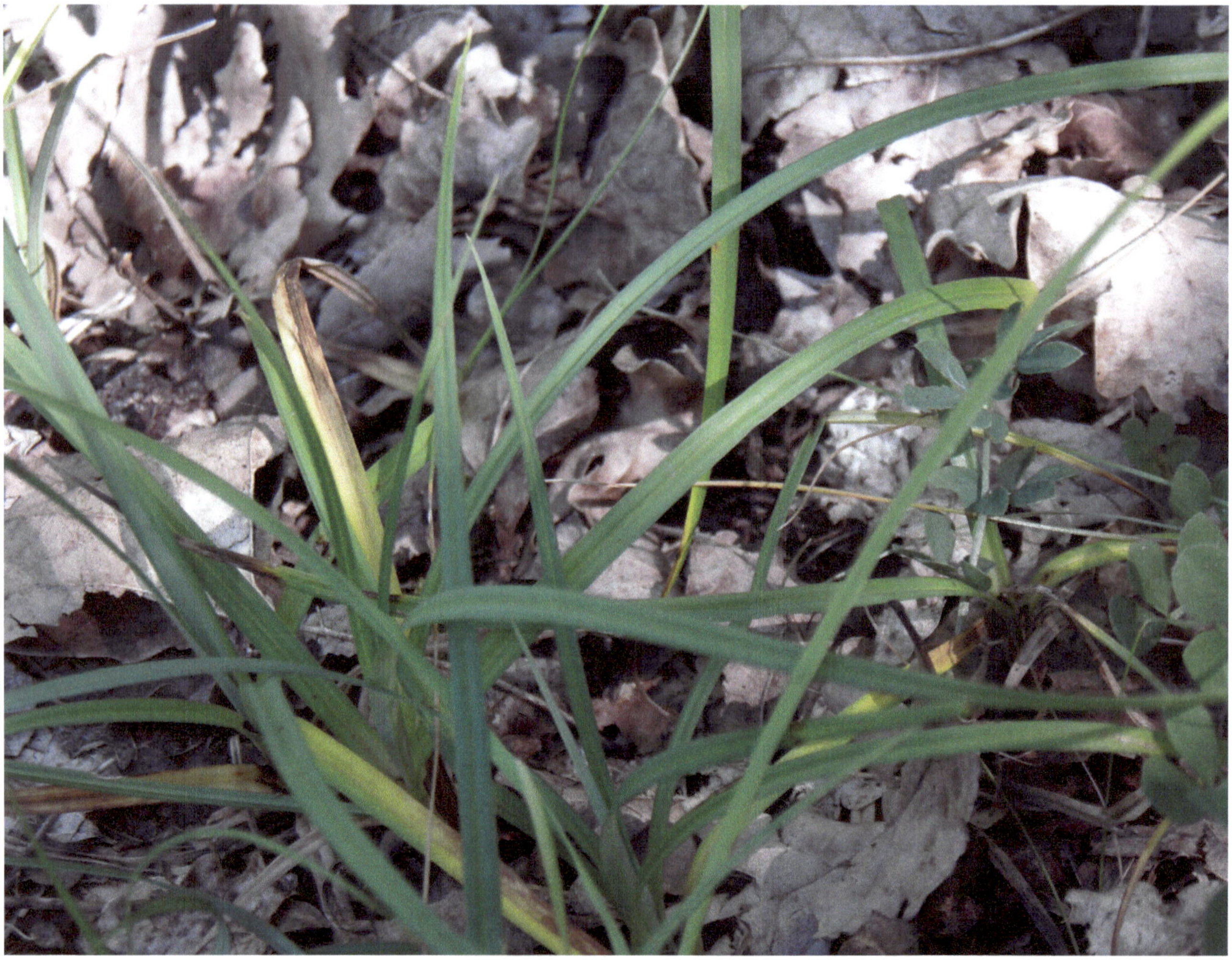

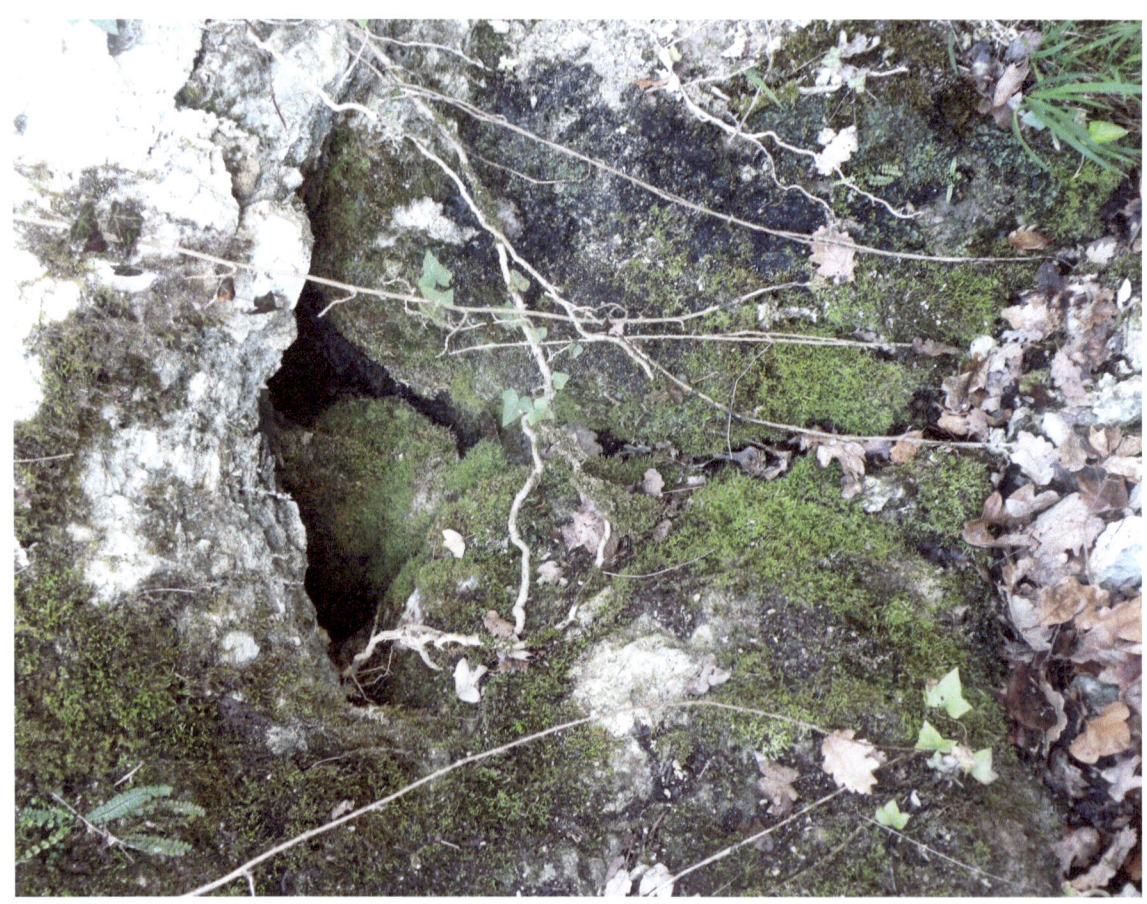

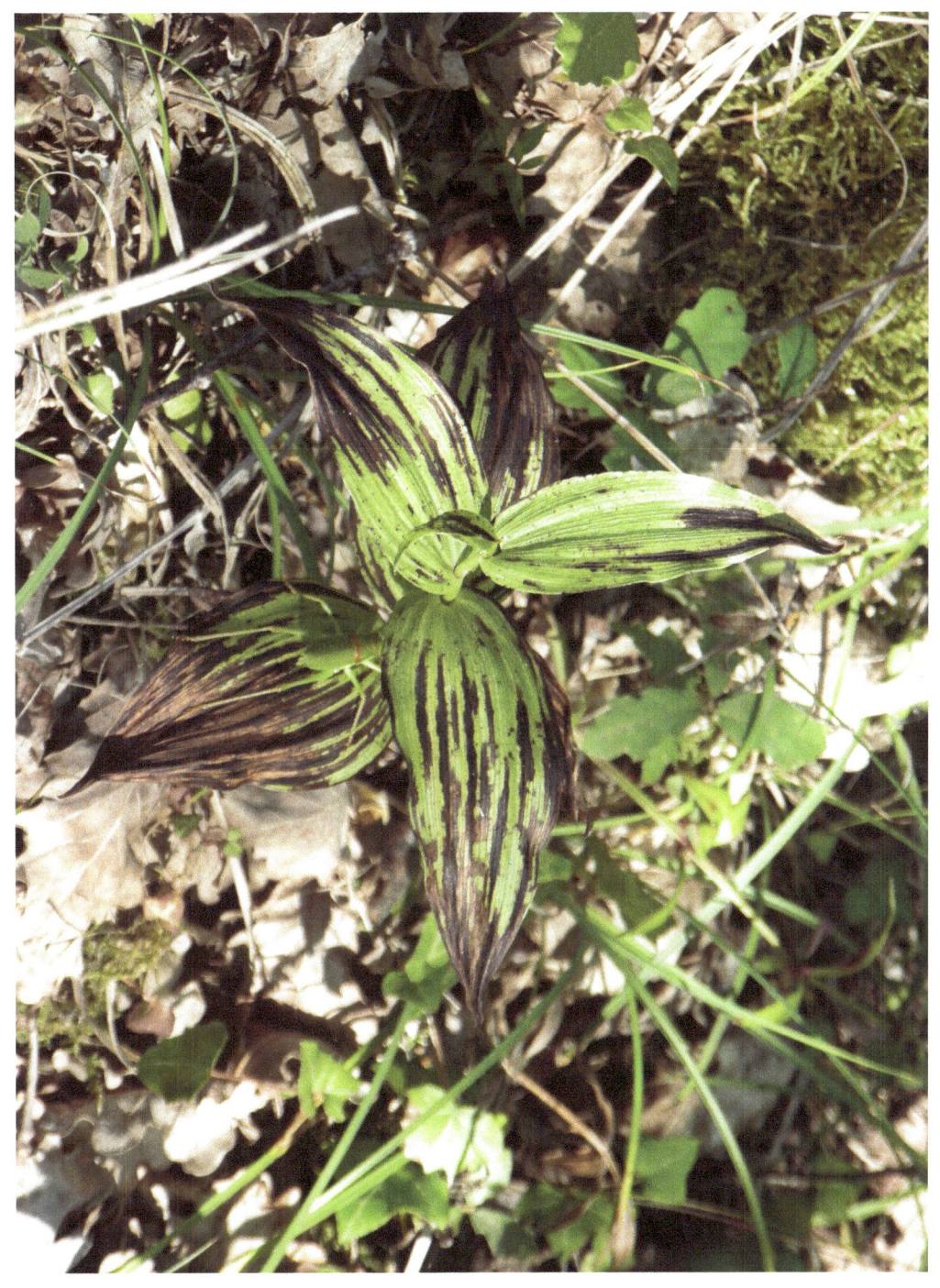

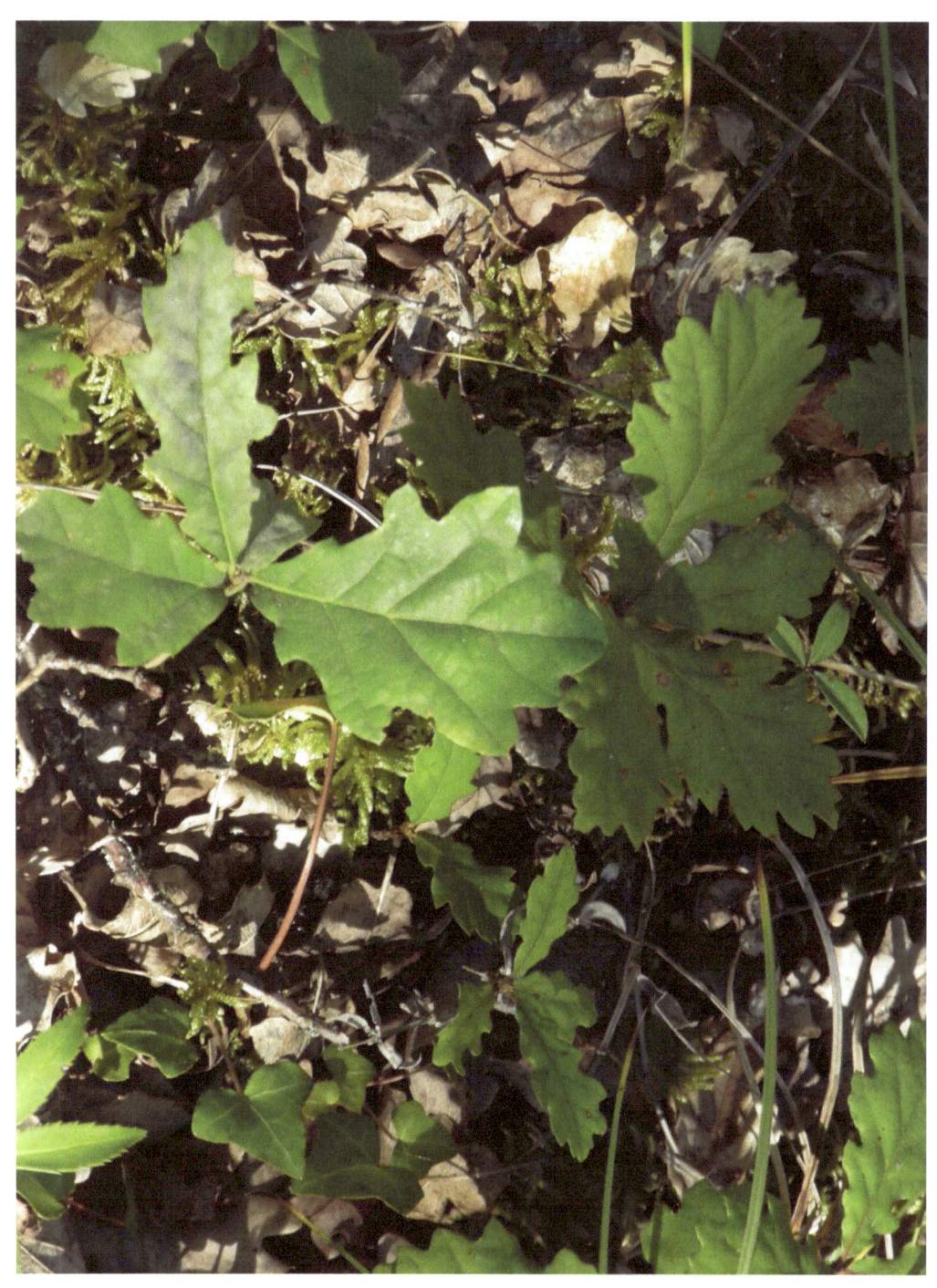

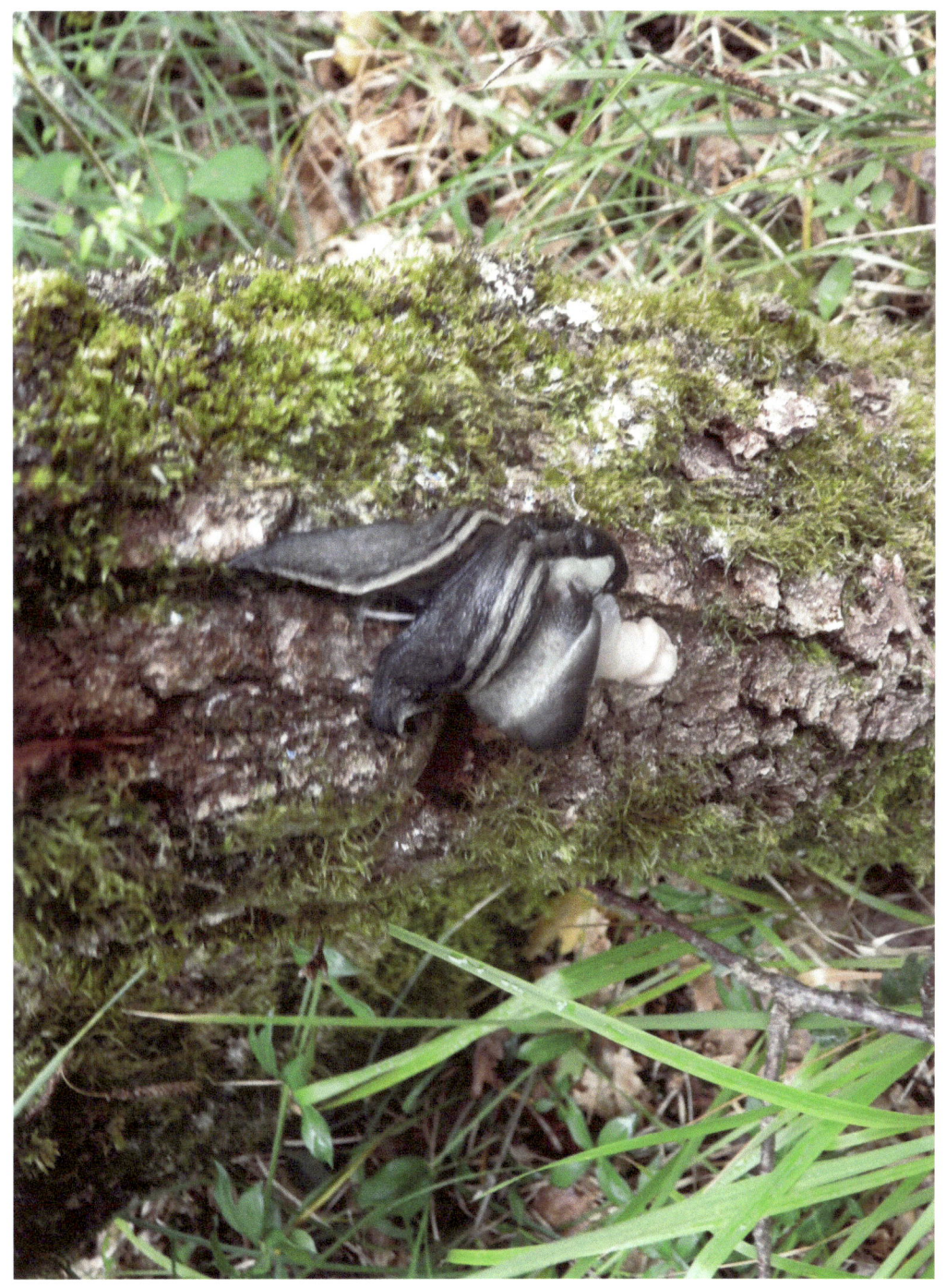

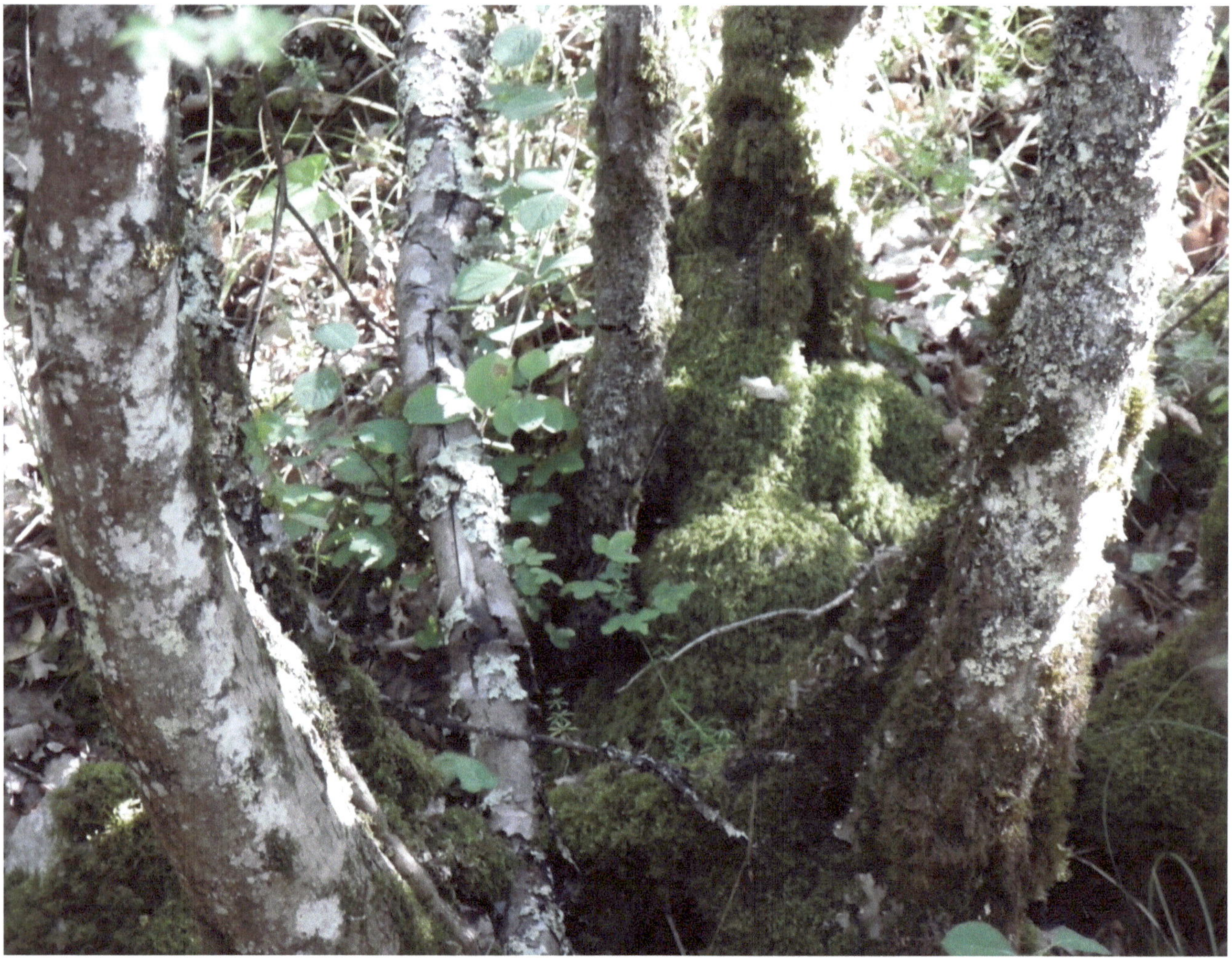

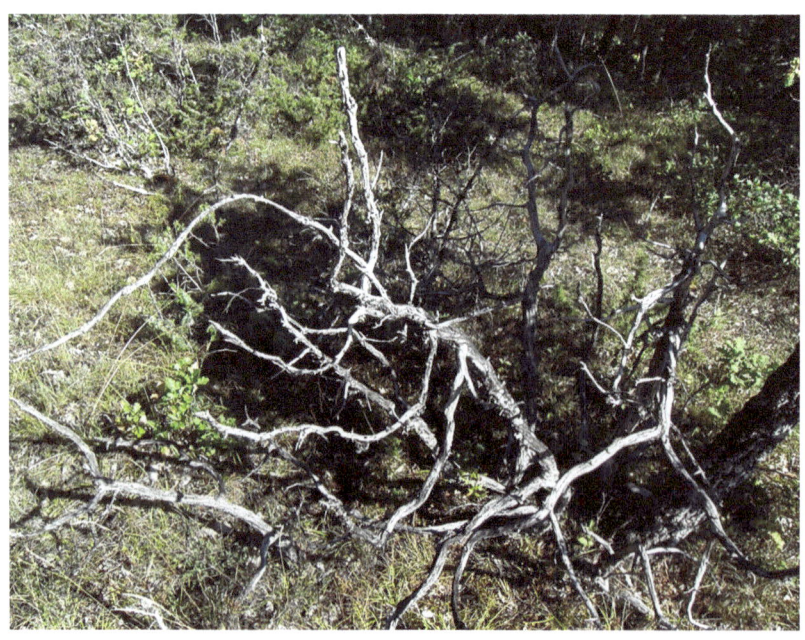

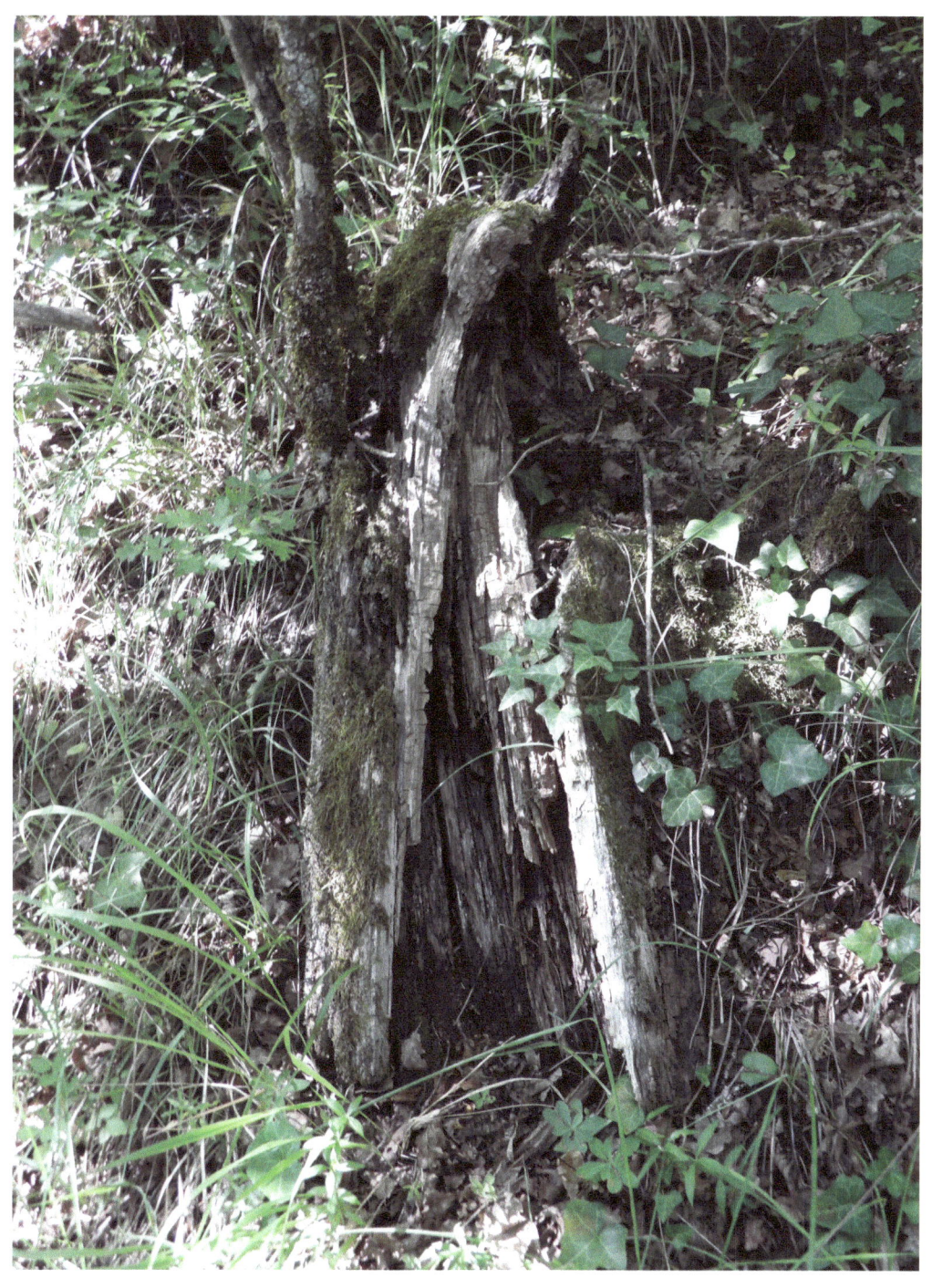

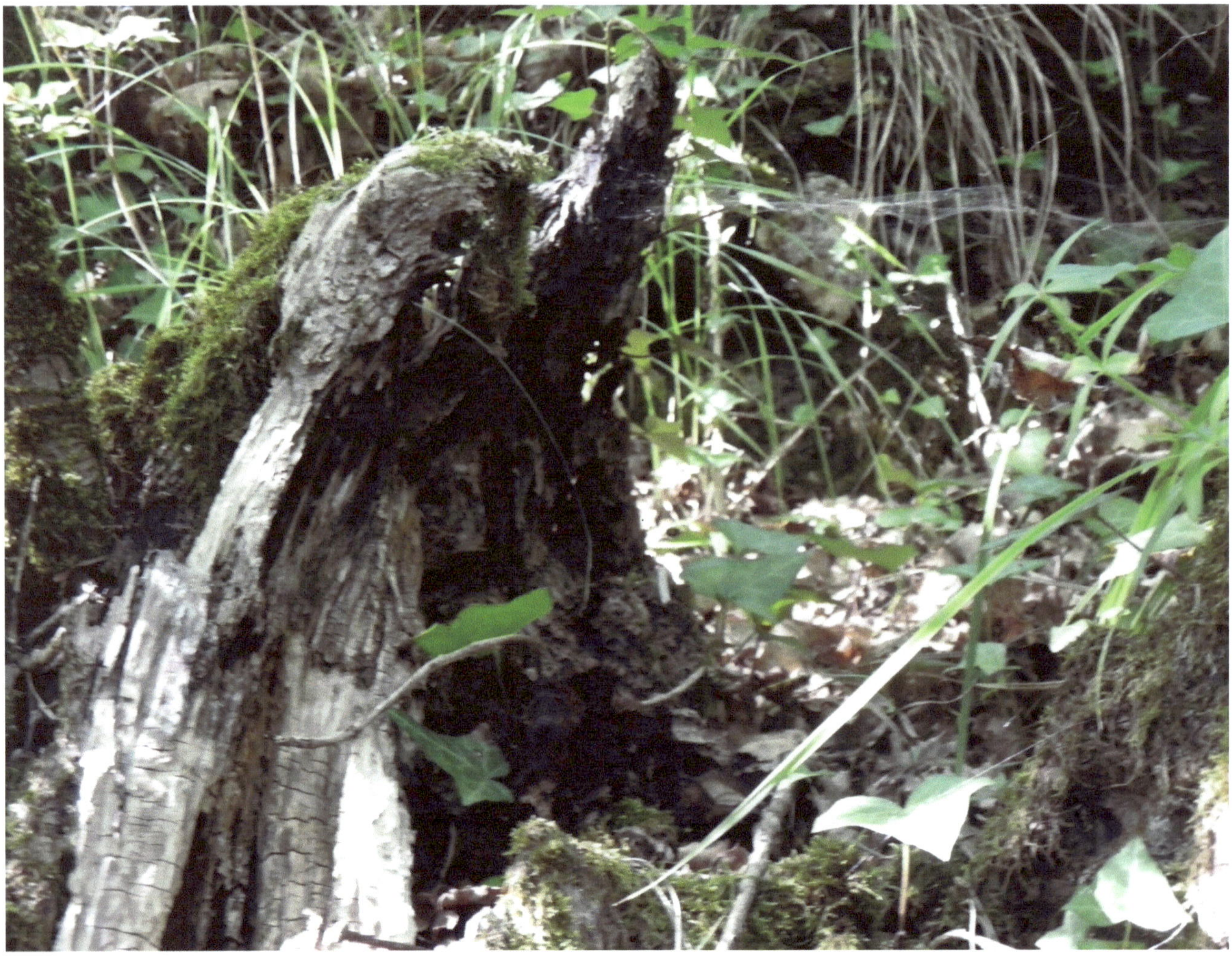

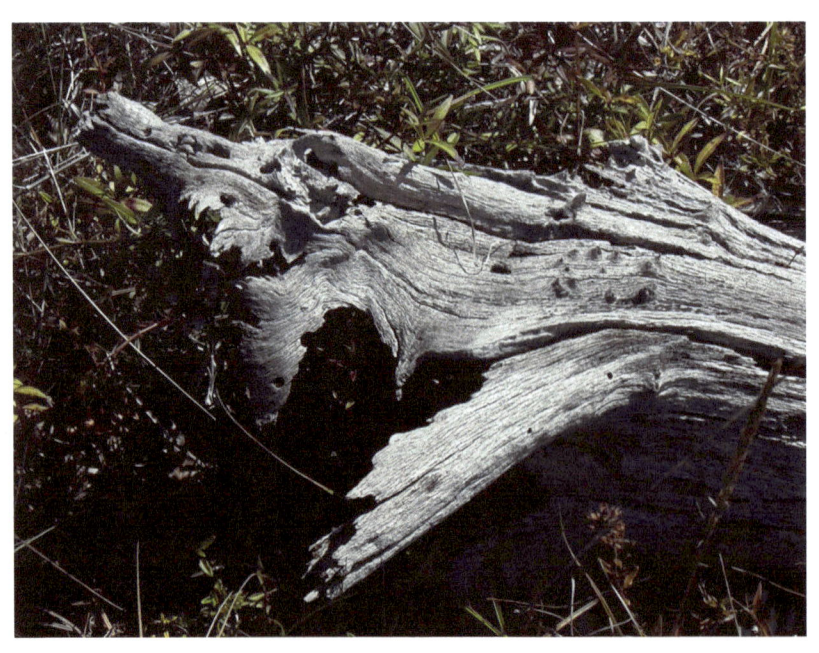

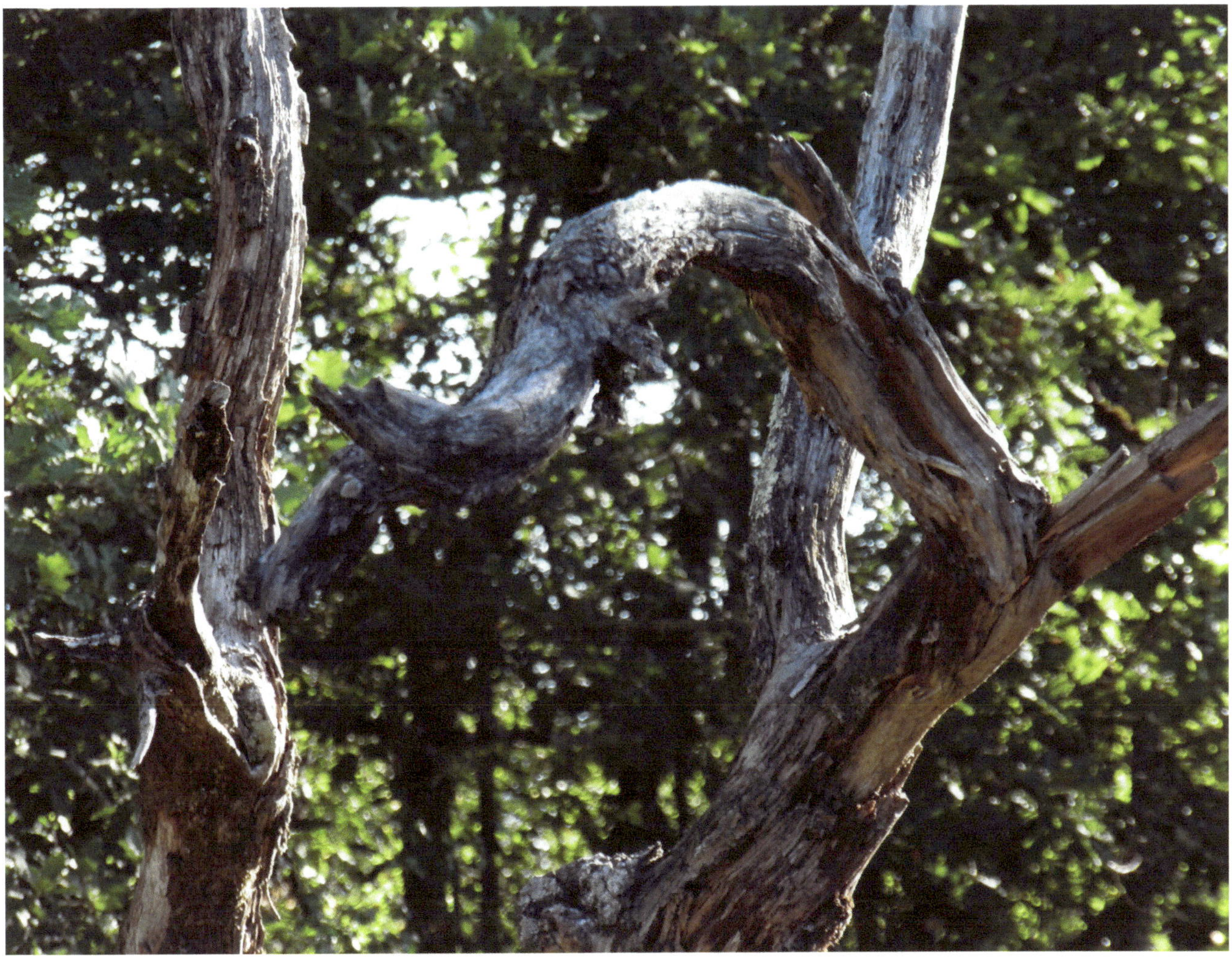

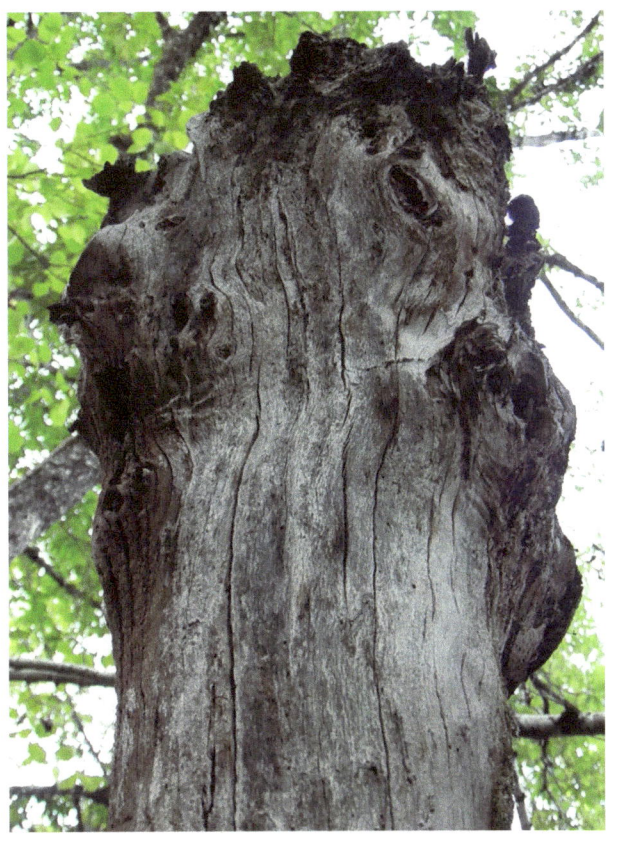

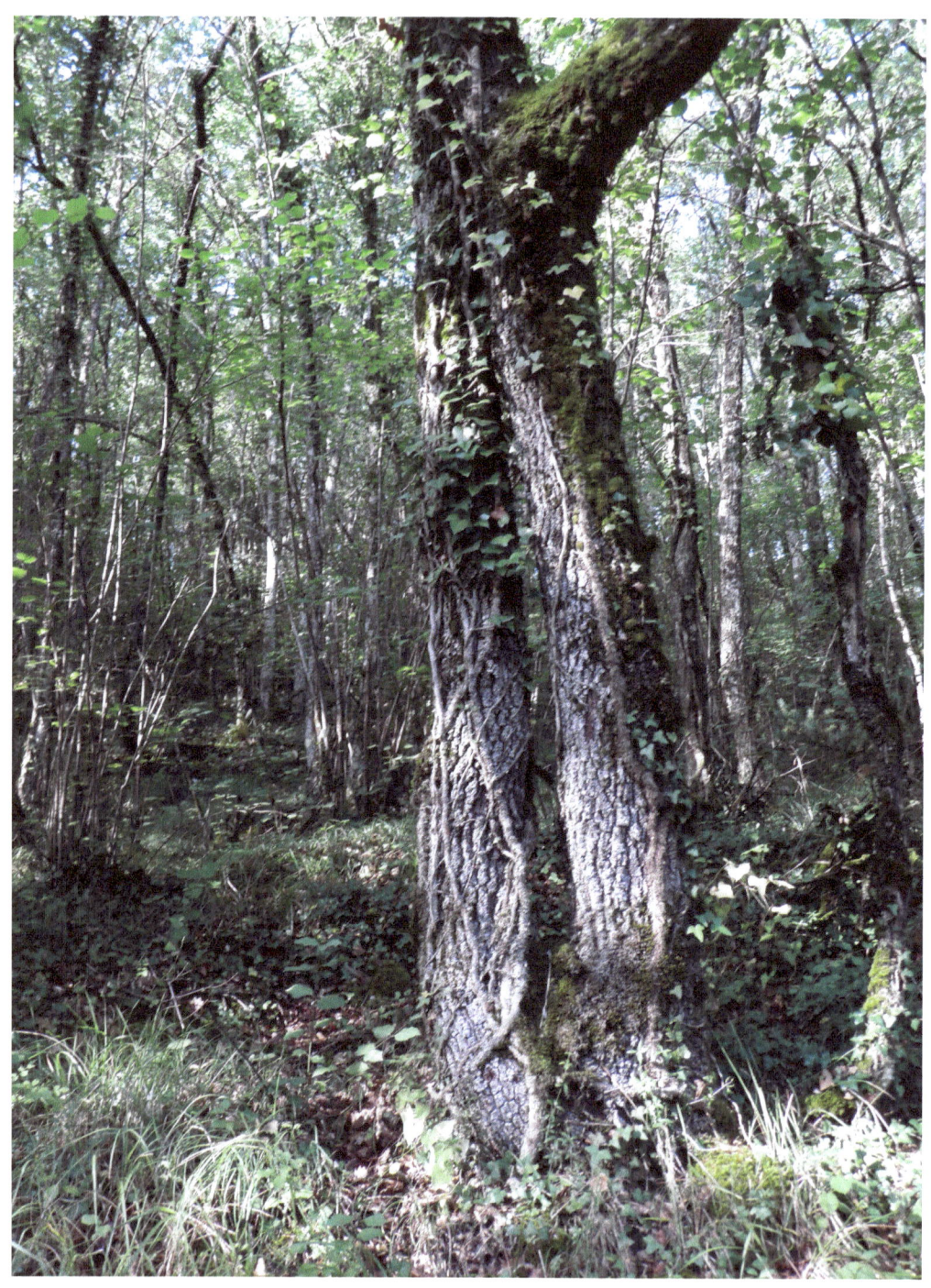

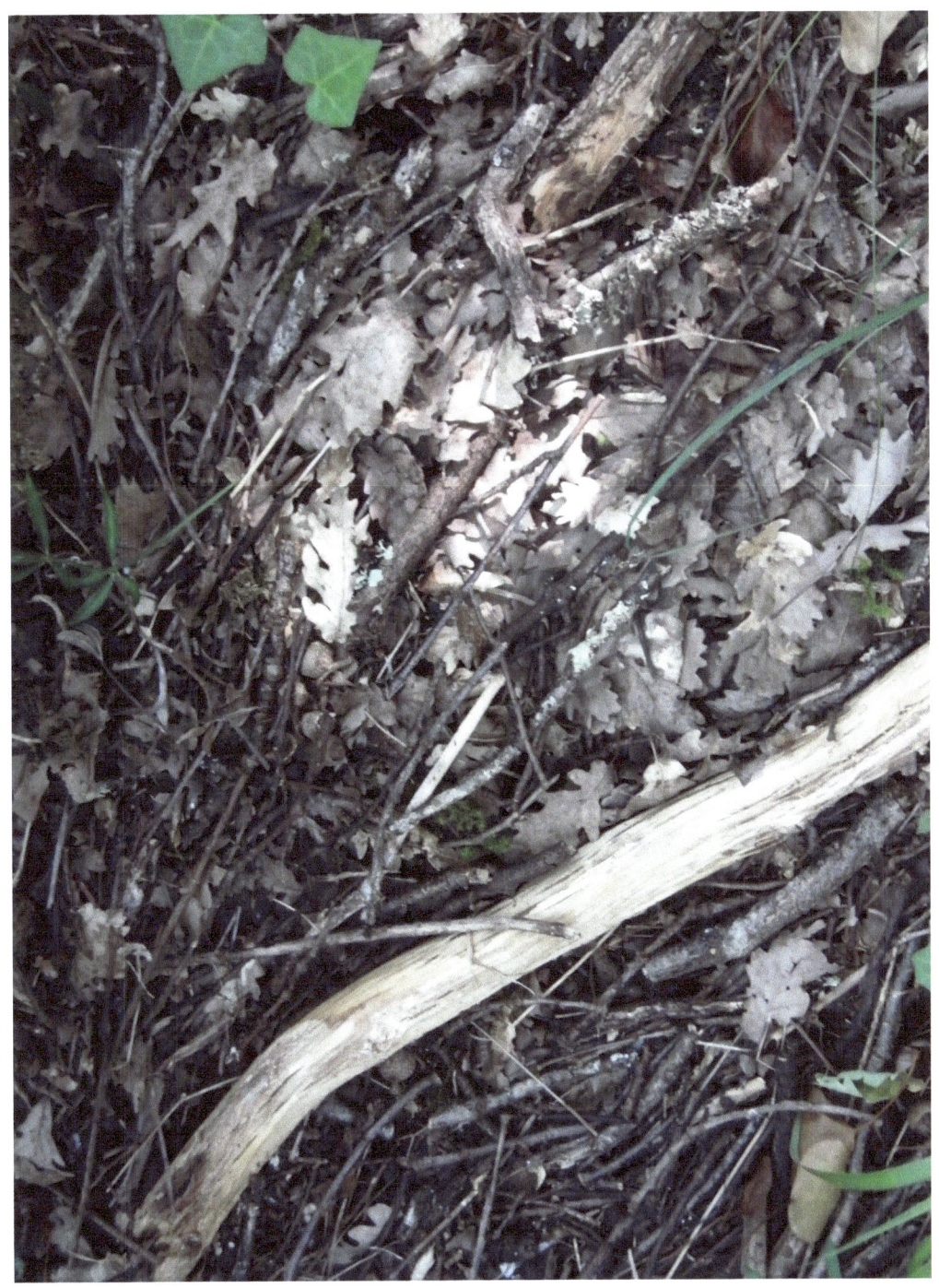

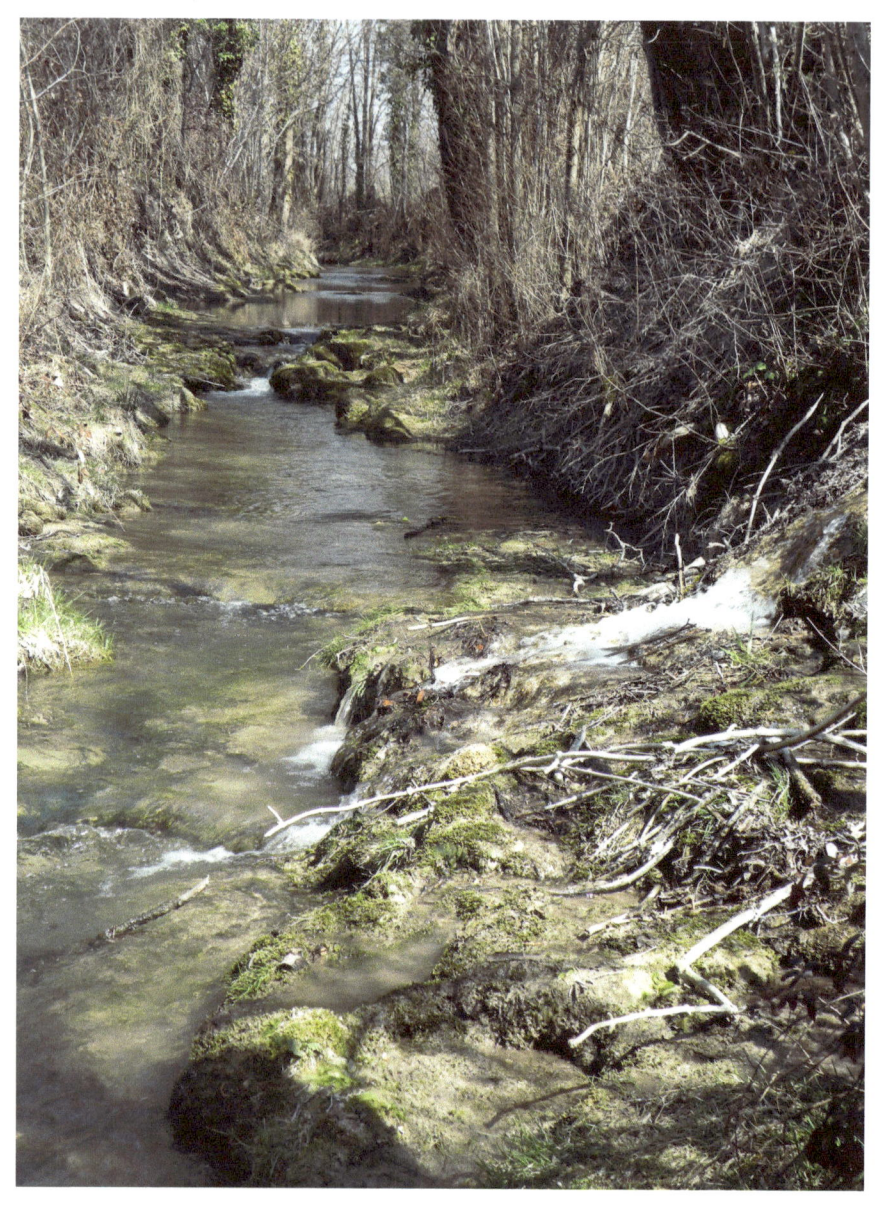

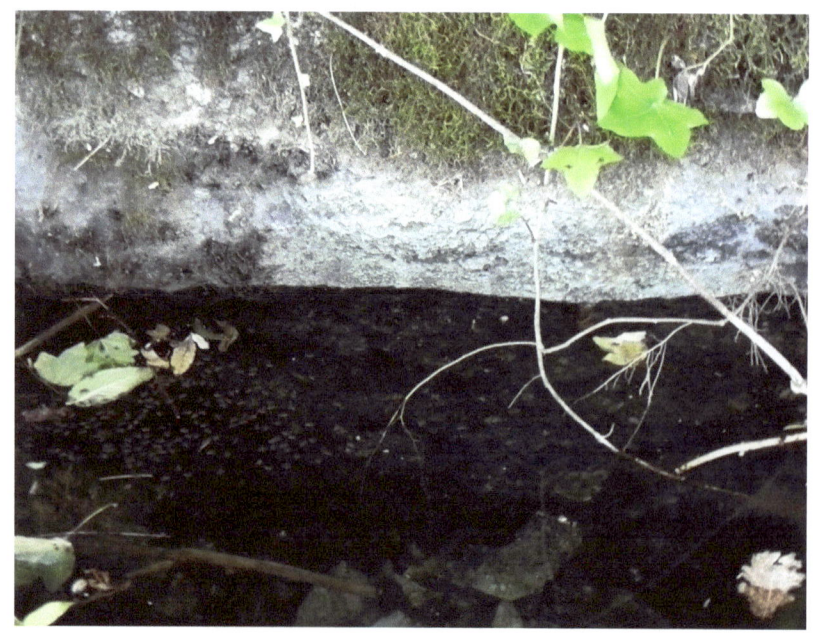

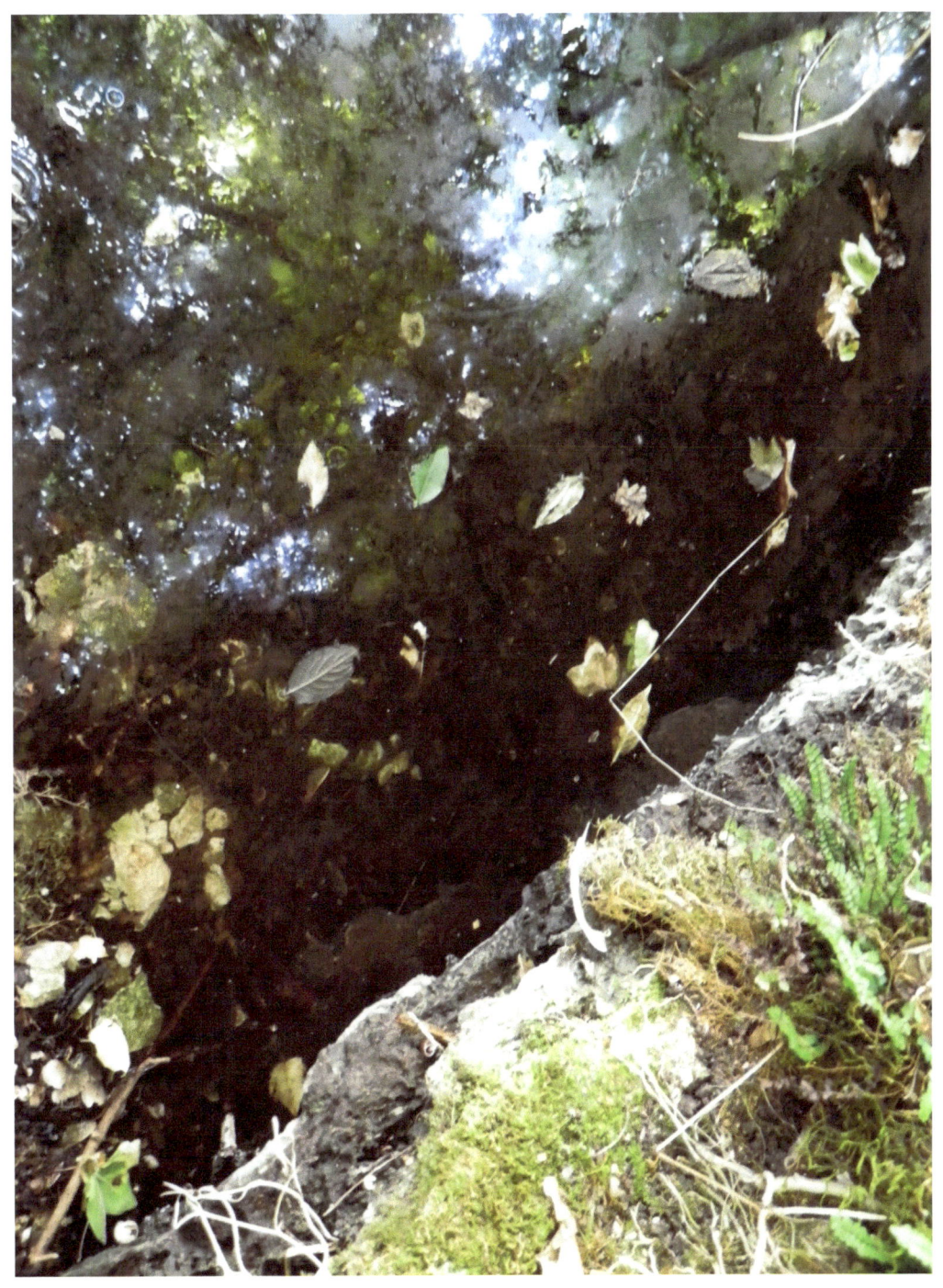

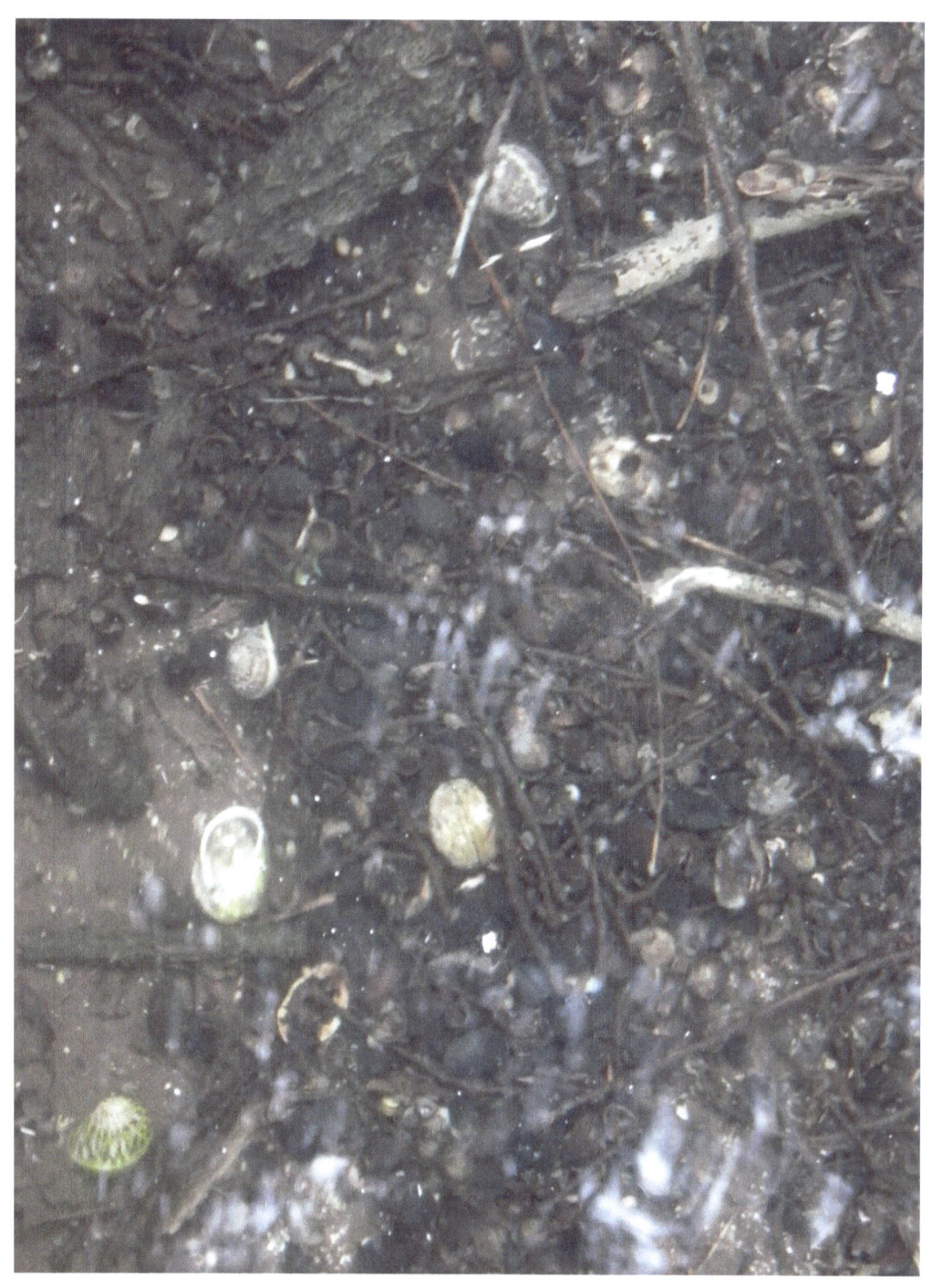

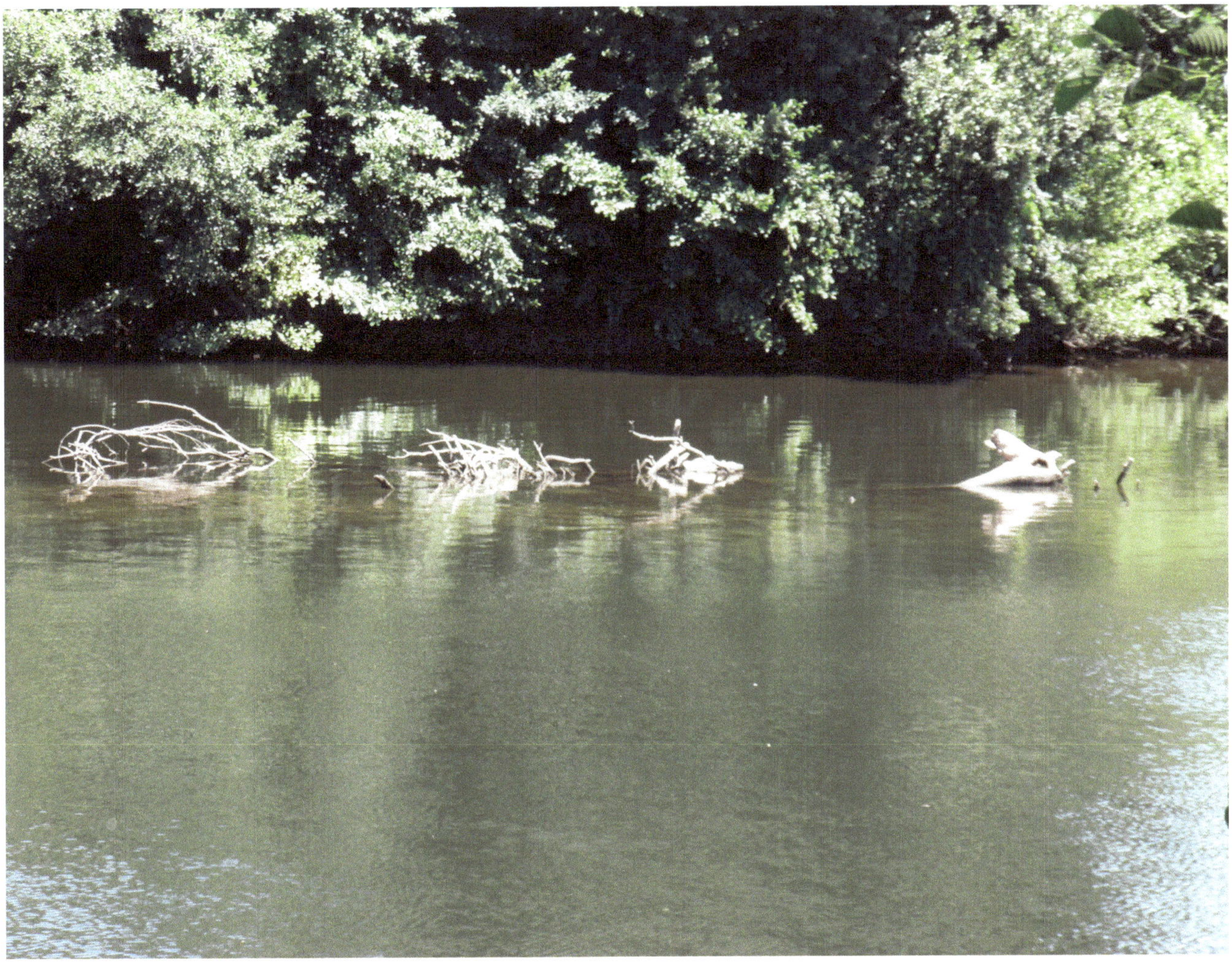

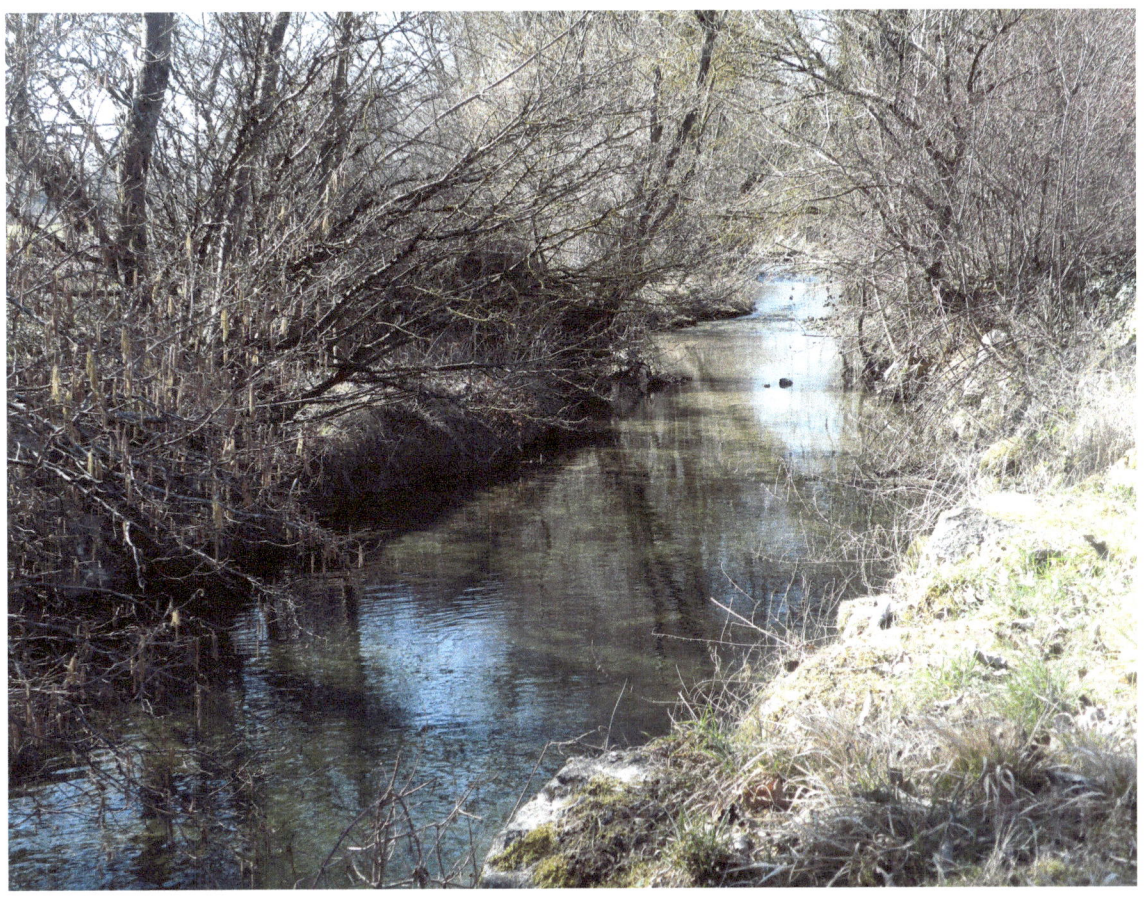

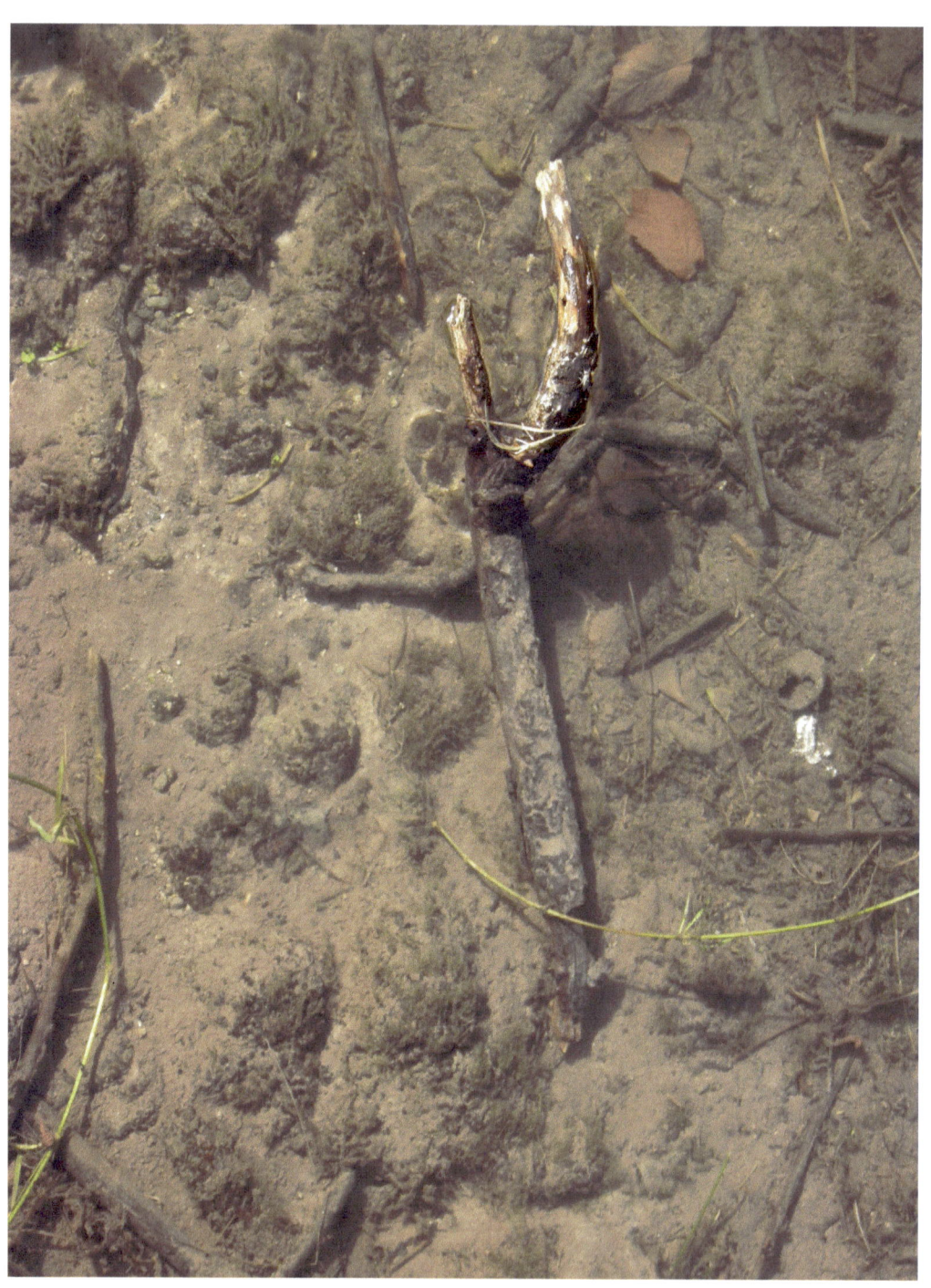

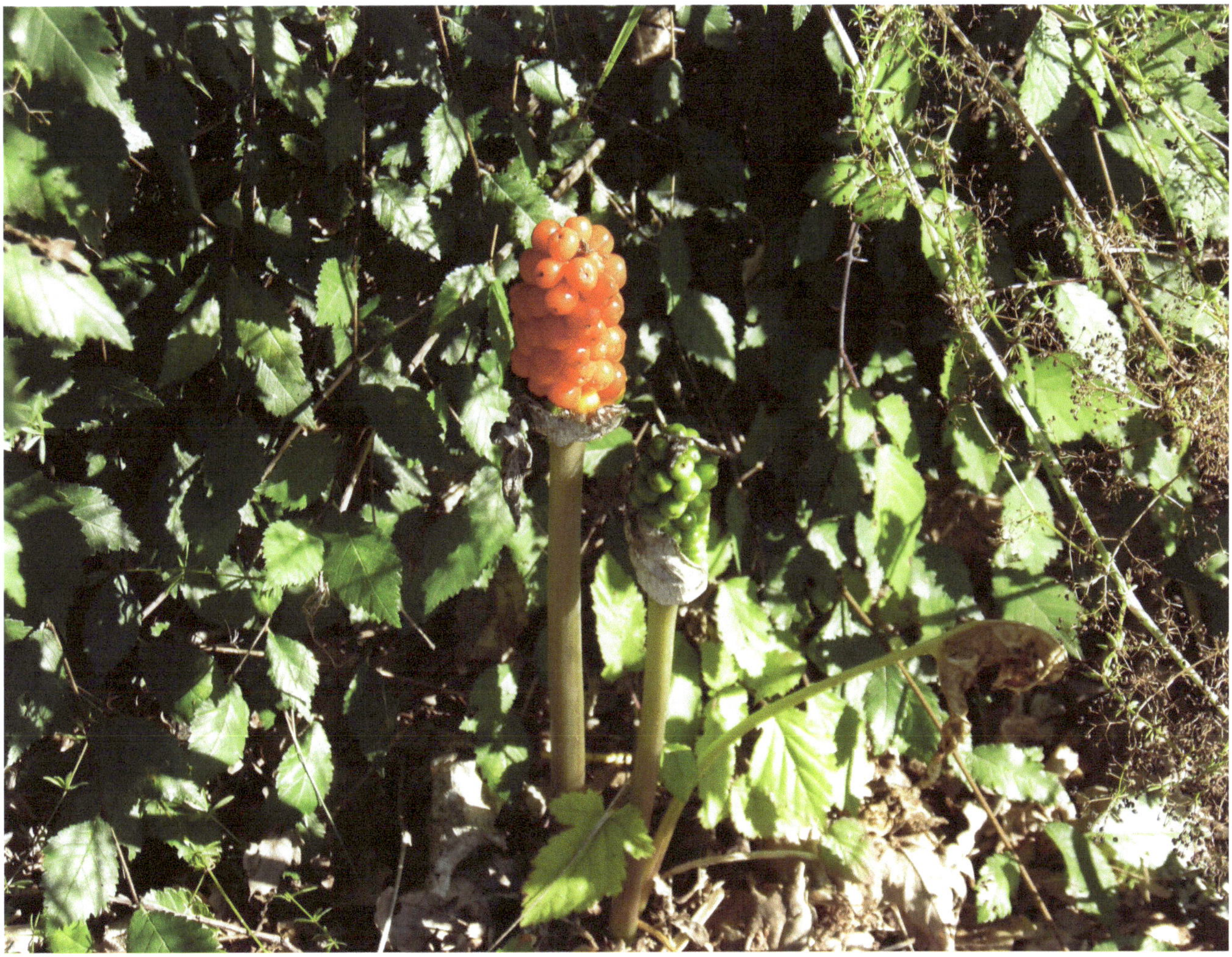

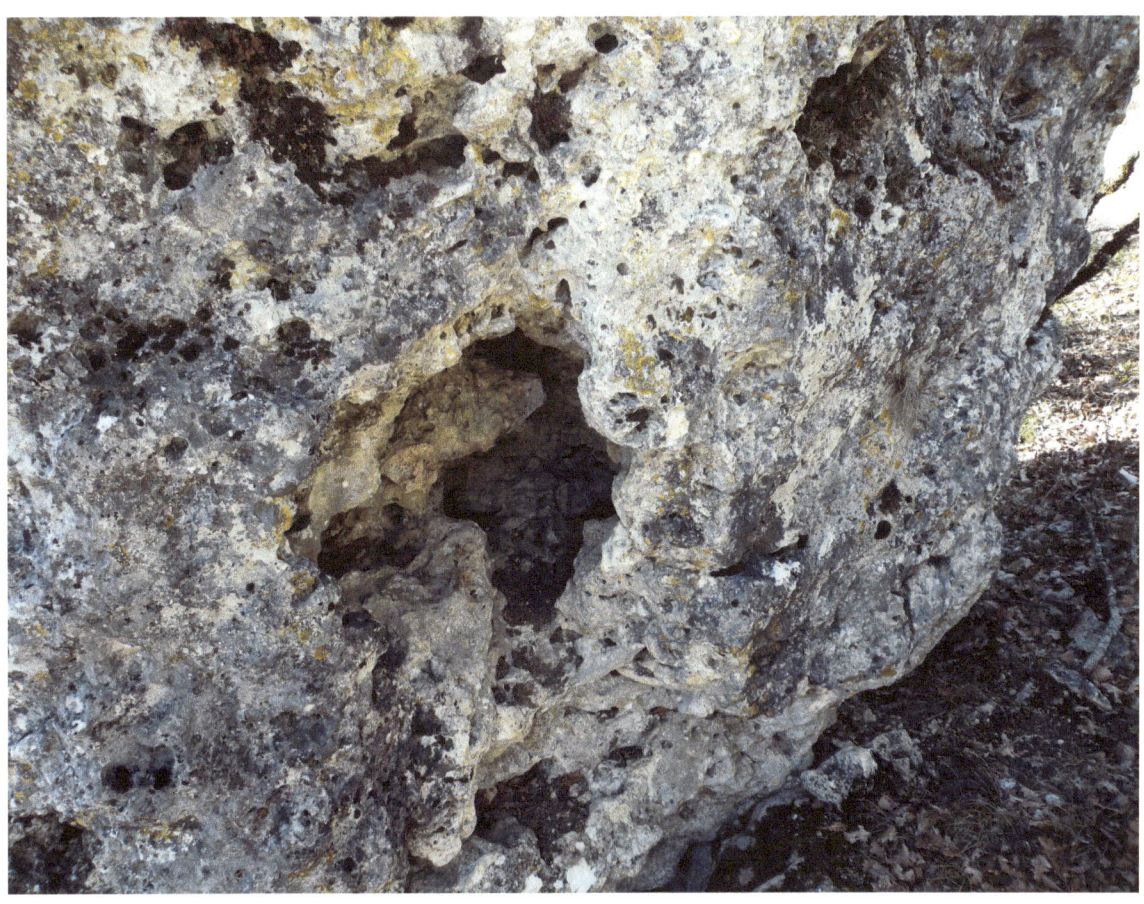

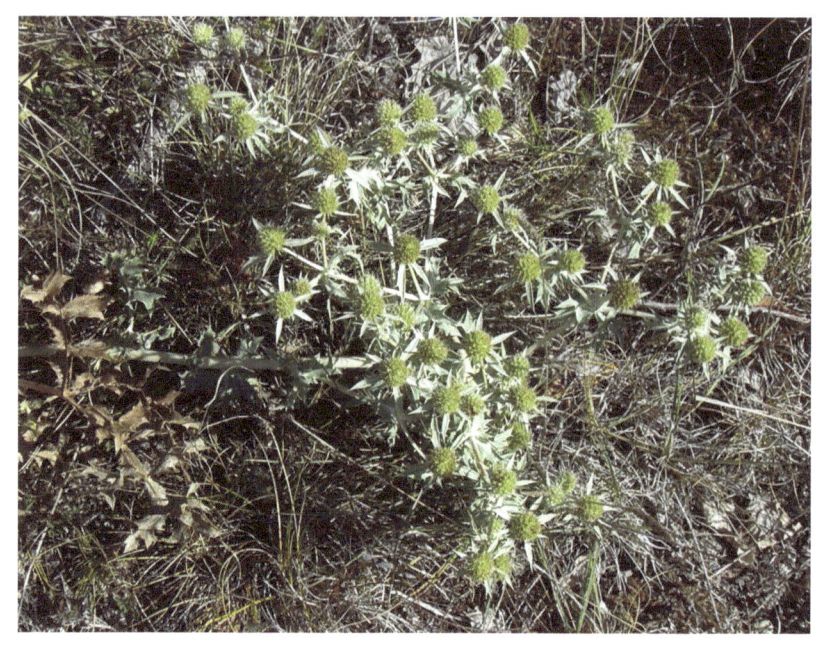

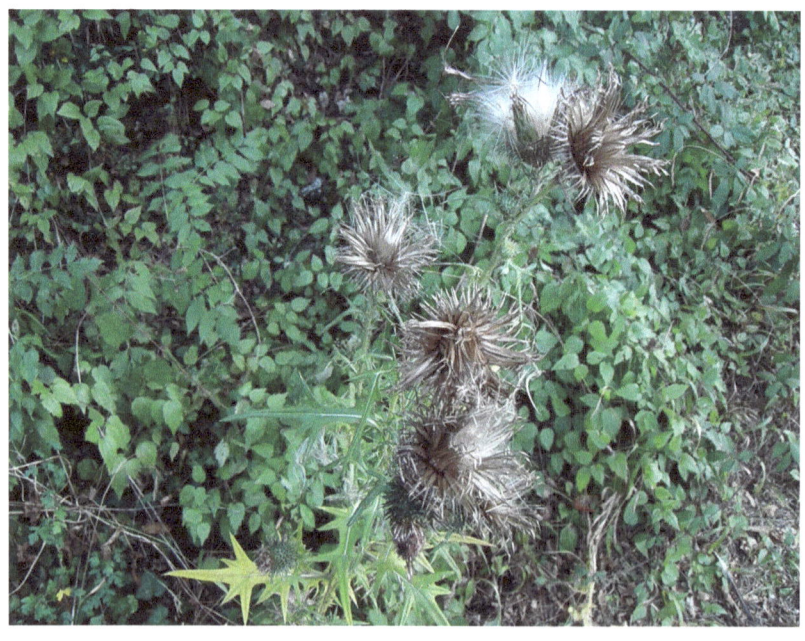

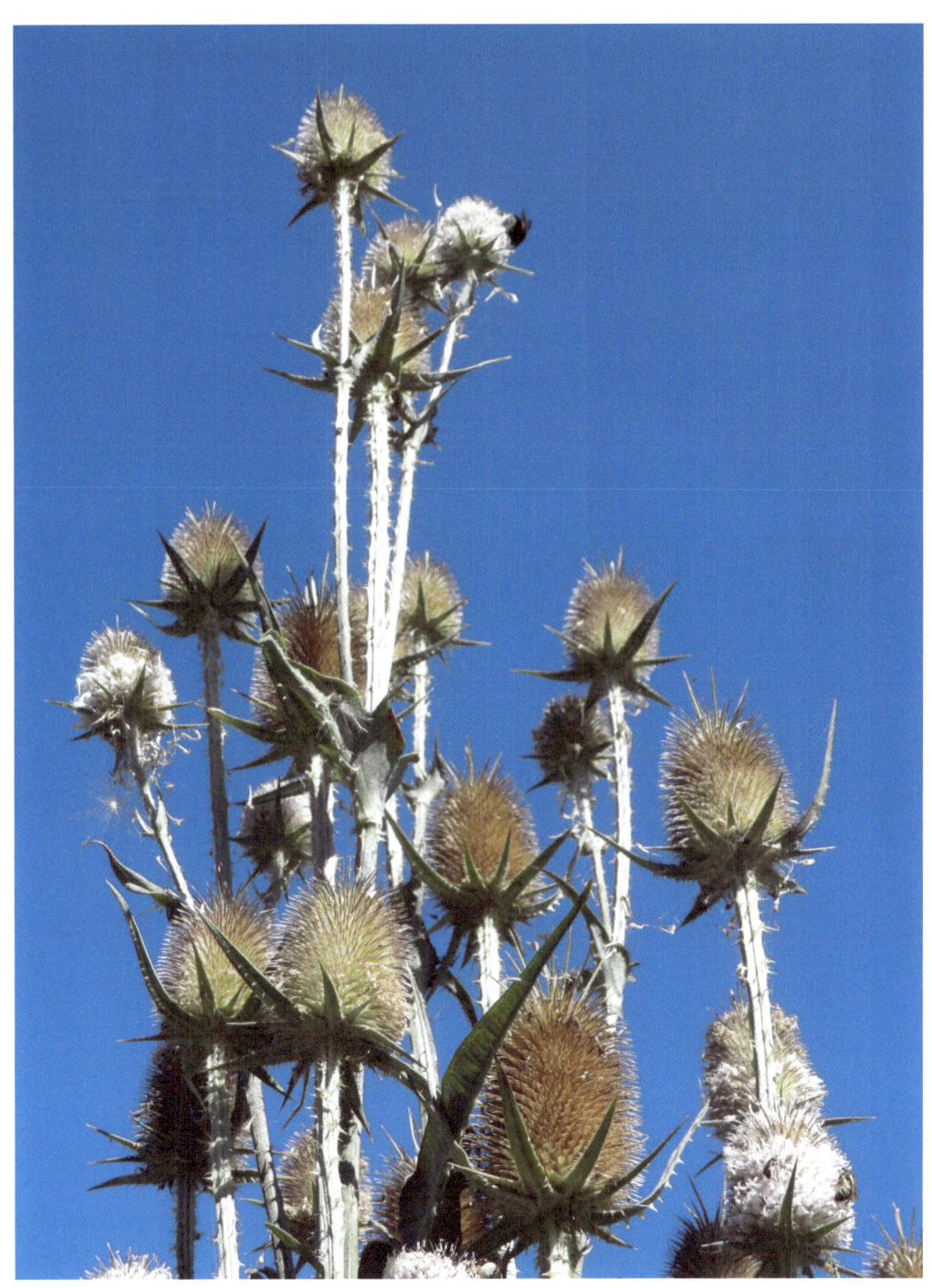

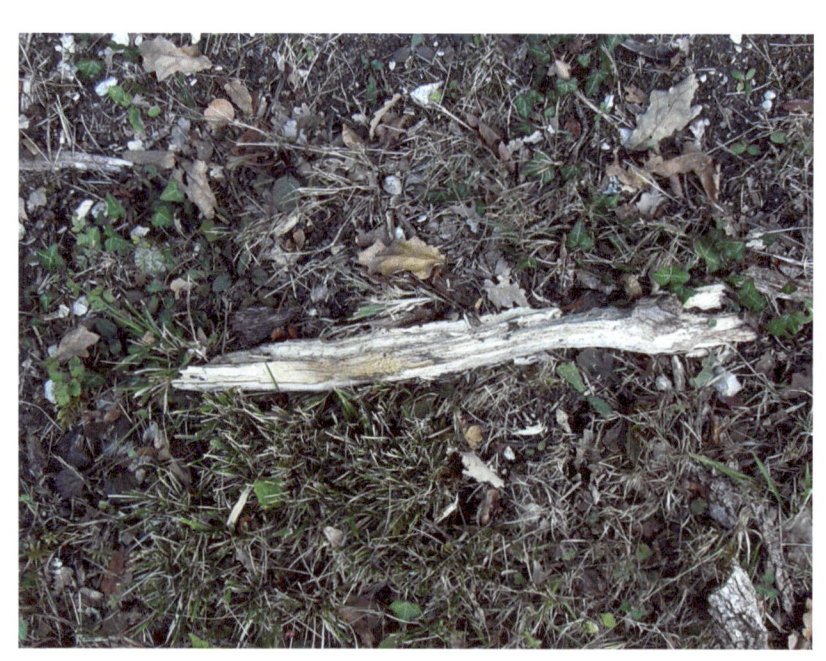

Tous droits de traduction, de reproduction, d'utilisation, d'interprétation et d'adaptation réservés pour tous pays, pour toutes planètes, pour tous univers.

Site officiel : http://www.ecrivain.pro

Présentation des livres essentiels :
http://www.utopie.pro

Pour le lot :
http://www.lotois.fr

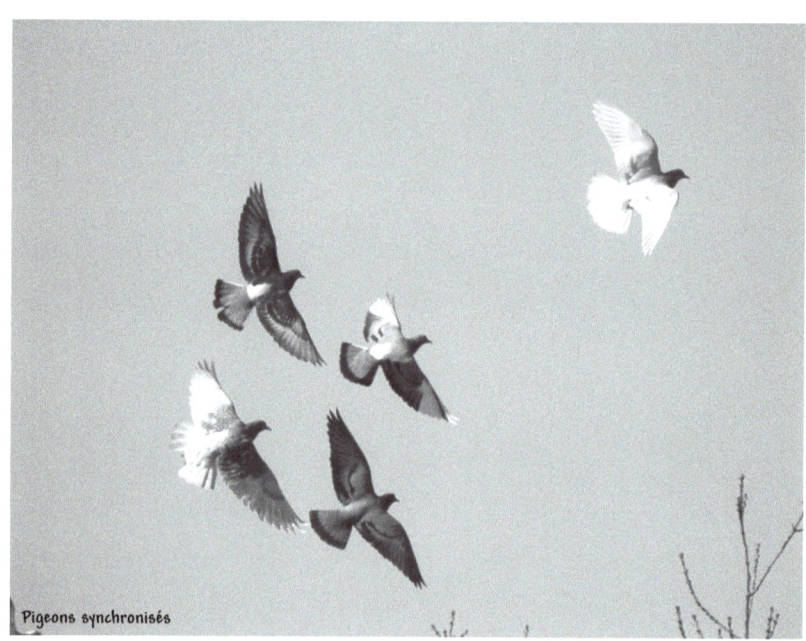

Dépôt légal à la publication au format ebook
Quercy : l'harmonie du hasard - Livre d'artiste 100% numérique publié en numérique le 5 septembre 2012 Stéphane Ternoise

Imprimé par CreateSpace, An Amazon.com Company pour le compte de l'auteur-éditeur indépendant.
livrepapier.com

ISBN 978-2-36541-443-2
EAN 9782365414435

Quercy : l'harmonie du hasard - Livre d'artiste papier et numérique de Stéphane Ternoise
© Jean-Luc PETIT - BP 17 - 46800 Montcuq

12 octobre 2013

www.ingramcontent.com/pod-product-compliance
Lightning Source LLC
Chambersburg PA
CBHW040410220526

45473CB00004B/1188